NEGLEY FARSON

LE FOU DE PÊCHE

Voyages et Aventures dans les deux Hémisphères

Illustrations de C.F. Tunnicliffe

EDITIONS DU TRIEUX
15 KERHON
22200 – POMMERIT - LE - VICOMTE
Siret: 499 474 96300018

Titre original: *Going fishing.*

Photo de couverture: courtoisie Clive Holloway.

Achevé d'imprimer en Septembre 2007
sur les presses de l'Imprimerie de Guingamp - 02 96 119 700
Dépôt légal 3ème trimestre 2007.
ISBN : 2-906380-22-9

Où les rivières aux eaux noires descendent en méandres des landes d'Exmoor

A Reginald Bruce

d’Elmhurst Farm

INTRODUCTION

C'est en 1943 que je lus *Le Fou de Pêche* pour la première fois. J'étais alors prisonnier de guerre, à l'isolement après une tentative d'évasion et un gardien amical avait glissé ce livre en fraude dans ma cellule. Pendant quelques mois, ce fut là la seule littérature à ma disposition, je peux donc prétendre avoir lu et relu le livre à fond ! Mais plus qu'un réconfort, Negley Farson fut une révélation. De tous les livres de pêche que j'avais lus, le sien était le meilleur.

C'est toujours vrai.

Hugh Falkus
Cragg Cottage 1981

DECLARATION

Ce livre est simplement l'histoire de quelques cannes, et des endroits où elles m'ont emmené. Le livre débute par du surf casting sur la côte du New Jersey quand j'avais treize ans, et se poursuit avec des scènes de pêche à la mouche aux sources de la Kuban dans le haut Caucase, et dans les rivières du sud du Chili à la recherche de truites arc-en-ciel, avec un volcan parfaitement visible qui entrait en éruption toutes les dix minutes. On n'y trouvera pas de poisson record, ni même de très gros poissons. Et certaines des plus belles choses que la pêche m'a offertes, je les ai découvertes au bord des rivières du sud-ouest de l'Angleterre. Je ne connais pas le nom d'un dixième des mouches de ce livre, et Dieu merci, je ne veux pas le savoir. Je ne serais pas du tout contrarié qu'en ouvrant mes boîtes à mouches, vous m'indiquiez une douzaine de mouches inconnues. Je ne connaissais pas le nom de la meilleure mouche que j'ai jamais eue, ni l'homme qui l'avait montée. C'était un Anglais, capitaine dans l'armée d'occupation à Cologne, qui m'avait dit qu'elle lui avait bien réussi dans le sud de l'Allemagne. Après une prodigieuse carrière, une truite m'en priva un soir dans les Balkans. Ce que je connais bien en revanche, ce sont deux ou trois douzaines de vieilles mouches sur lesquelles je peux compter et pense savoir où et quand les employer. A mesure que le temps passe, j'ajouterai d'autres modèles à cette coterie, quand je les aurai trouvées utiles. J'adore les cannes à pêche avec la même passion, je suppose, qu'un charpentier, un violoniste ou un chasseur de pigeons de Monaco adorent leurs outils. J'adore m'en servir, et si cela m'est impossible, j'éprouve beaucoup de plaisir à simplement les regarder après les avoir retirées de leurs fourreaux. Deux cannes à truites m'aidèrent à survivre alors que j'étais confronté à l'énigme de la pauvreté en Colombie britannique, en me fournissant gratuitement de la nourriture ; et j'y ai recouru à des fins politiques, pour faire parler un Irlandais farouche qui autrement se serait tu. Bien qu'il me soit arrivé par le passé de penser que la pêche ne me mènerait à rien, j'ai même gagné de l'argent, ma petite canne 'Duplex' me fournissant la trame de nombreux articles. Mais j'adore principalement les cannes à cause des lieux et des rencontres qu'elles ont permis. Elles ont fait partie intégrante de mes bagages pendant de nombreuses années de voyages. Ces baguettes magiques m'ont révélé certains des plus beaux endroits au monde. C'est toute l'histoire de ce livre.

Negley Farson

SOMMAIRE

LE FOU DE PÊCHE

I

Les débuts. Surf casting sur la côte du New Jersey. Les estropiés de la Baie Delaware. Les oies sauvages des Carolines.

J'entrai dans la coudraie
Car j'avais la tête en feu
Je coupai et écorçai une baguette
Accrochai une baie à l'hameçon
Au bout d'un fil

Et quand les phalènes voletèrent
Que les étoiles scintillèrent une à une
Je lançai l'appât dans un ruisseau
Et attrapai une petite truite
D'argent.

La côte du New Jersey s'allongeait, blanchâtre, sous le soleil hivernal. Le phare resplendissait tel un os blanc. La végétation était immobile sur la dune. Et l'océan vert s'étendait pareil à un étang. Le sable était vierge de toute trace de pas.

L'été, l'un de ces longs étés de l'enfance, n'était plus qu'un souvenir. Je marchais le long de la laisse de haute mer en examinant le bois flotté et les débris récemment rejetés par une tempête d'une violence inouïe. Ces morceaux de bois d'œuvre ou de métal rouillé recélaient toujours quelque mystère, et si certains gisaient sur la plage depuis des années, la laisse des plus hautes vagues, irrégulière et jonchée de ces objets, racontait une histoire renouvelée à chaque tempête. Mais j'étais à la recherche d'un trésor particulier. C'était toujours le même, un matériel particulier que nous utilisions sur cette côte – un émerillon triangulaire en laiton d'où à une extrémité restait d'ordinaire un bout de ligne cassé, à une autre un bas de ligne en racine de trois brins torsadés et à la dernière pendait un plomb pyramidal de cent quinze grammes.

C'était le matériel que lançaient au loin les pêcheurs de surf casting, ces hommes qui entraient loin dans la mer, tenant une robuste canne à deux mains en greenheart ou en serpentine – très loin, des dizaines et des dizaines de mètres au-delà des rouleaux déferlants, là où la grande daurade rayée (1) broyait les palourdes dans les lagunes du fond de la mer que la lumière n'atteignait qu'à peine. Je trouvais cet accessoire, emmêlé dans des planches gorgées d'eau ou enroulé autour de débris agglomérés, principalement à cause de la finesse de ce sport. En effet, en effectuant un lancer à l'aide des deux bras, le plomb de plus de cent grammes était catapulté dans le ciel comme une balle. Et il fallait contrôler du pouce le gros moulinet quadruple à tambour tournant, en freinant en douceur. Si la ligne se bloquait alors que le plomb était ainsi expédié, même la solide ligne Cuttyhunk se rompait dans un claquement sec.

Vous restiez là, impuissant, tandis que votre matériel s'envolait pour s'abîmer au large. Peut-être alors une daurade, un flet ou encore quelque truite de mer allaient-ils engamer la palourde ou le morceau de crabe mou monté sur l'hameçon, pour finalement mourir. Ces poissons aussi étaient rejetés sur le rivage. Les tempêtes creusaient les bancs de sable et fouettaient tout ce qui se trouvait sur leur passage. Un jour, nous avions trouvé un bout de vergue provenant d'un voilier. Et c'est comme ça que je trouvai Joe, aboyant avec férocité et déchirant à belles dents un morceau de ces poissons décomposés. Ce poisson était monstrueux, doté d'une gueule de plus de trente centimètres de large aux dents impressionnantes, tout en tête et sans queue. Nous les appelions des ‘grandes gueules’. Joe était le plus vaillant bull-terrier que j’ai jamais rencontré.

Comme je l’ai dit, l’été était fini et Joe avait lui-même été rejeté. J’aimerais savoir quel genre de personne était son maître, car certains abandonnaient effectivement leurs chiens et chats quand ils s’en allaient. Et Joe semblait en être aigri. Pendant plusieurs jours, il en voulut à toute l’espèce humaine. Mais je n’avais plus de chien à ce moment-là, et je fis donc des approches qui me prirent la plus grande partie d’une dangereuse après-midi. Pour finir, Joe me suivit à la maison, hérissant les poils à chaque fois que je me retournais pour lui parler, jusqu’au jardin où je le fis entrer avant de refermer la barrière. Joe était pris.

Ces derniers jours d’automne étaient peut-être le meilleur moment de la saison de la daurade, et avec l’arrivée véritable de l’hiver, les ‘poissons des gelées’ se présentaient au long de la côte, et nuit après nuit, avec à mes côtés un seau plein de palourdes, je sortais pêcher la lingue. Joe m’accompagnait, assis près de moi par les nuits de lune, plongé dans ses pensées de chien sur les mystères et la mélancolie de la mer solitaire.

Cela évoquait tant de choses pour moi ! Mais c’est trente-cinq ans plus tard, sur le lac Victoria en Ouganda alors que des indigènes me racontaient, les yeux écarquillés, leurs légendes des îles Sese – ils me disaient qu’ils n’avaient pas de nom spécifique pour chaque espèce de poisson, ce n’étaient que ‘les Choses dans l’Eau’ – que je touchai de nouveau à la lisière de cette imagination qui autrefois m’enivrait, me déprimait et me remplissait de méditation fébrile par ces nuits enchantées. Je me représentais les abysses de la mer et les peuplais de toutes ces formes de ces Choses dans l’Eau que j’aurais pu tenir au bout de ma ligne.

C’était le nom adéquat. Dans le long canoë des ces indigènes sur le lac Victoria, je continuais à me demander ce que nous prendrions. L’eau exerçait toujours son mystère, l’anxiété n’avait pas décru. C’est toujours le cas.

En ces jours lointains, la pêche était une tâche ardue, souvent ignominieuse. Car elle était souvent associée aux ratés et autres bons à rien, bref au manque de réussite sociale. Dans notre civilisation calviniste, où l’on considérait que la pauvreté était presque un crime, la perte de temps qu’impliquait la pêche sportive était considérée comme impardonnable. C’est ainsi que certains des hommes les plus exceptionnels que j'ai jamais connus étaient des pêcheurs enthousiastes. Quelques-uns devaient faire preuve de beaucoup de courage.

Dans ma famille, les femmes préféraient manger n'importe quoi acheté à la poissonnerie plutôt que ce que j'attrapais. Pour quelque raison qu'elles ne révélaient jamais, mes poissons étaient suspects. Peut-être les considéraient-elles non orthodoxes.

Un vrai pêcheur de surf casting est un amoureux de la mer. Bien au-delà de la récompense du gros poisson qu'il pourrait lui arriver d'échouer, il y a l'euphorie des vagues. En été le long de la côte du New Jersey, elles arrivaient à toute allure trois par trois, en impressionnants rouleaux. On entendait leur grondement sourd loin à l'intérieur des terres. Puis il y avait l'odeur du marais salant. Quand le vent soufflait au large, ces déferlantes se précipitaient vers le rivage, se cambrant telles des chevaux dont les longues crinières blanches auraient flotté sur leur crête. Au coucher du soleil, on entendait dans le marais les cris des oiseaux du rivage. Le cri obsédant du courlis, comme venu de l'infini – existe-t-il un chant plus émouvant en bord de mer ? Il y avait les jours de morne brume qui estompait les pointes. Puis un brouillard blanc qui occultait la chaleur du soleil et faisait briller les vagues sifflantes comme de l'argent poli. Et puis encore les longues après-midi brûlantes où un mirage apparaissait : les paquebots au large de la côte jaunâtre avançaient sur l'horizon comme une aurore boréale ou bien voguaient à l'envers.

Voilà les choses qui remplissent l'œil, le cœur et l'esprit du pêcheur assidu de surf casting. C'est souvent tout ce qu'il rapporte à la maison après une dure journée de labeur tandis que les bécasseaux dansent le long du rivage. Le surf casting n'est pas une pêche de mauviettes. Il est certain en outre qu'on prendra beaucoup plus de poissons en pratiquant en bateau.

Pour quelque raison, l'expérience peut-être, nous estimions que la daurade rayée mordait toujours mieux la nuit. Il y avait un fabricant de cannes le long de cette côte qui chaque année offrait un prix, 'une belle canne en serpentine' avec des viroles en argent de fabrication allemande, et des anneaux en agate, à qui prendrait la plus grosse daurade. Un jour, mon voisin l'emporta avec un poisson de 42 livres. Il était très professionnel, s'étant acheté une maison d'où il pouvait contempler la mer. Dans cette demeure pleine de cannes en greenheart, serpentine et bambou refendu, il possédait aussi une commode dont les tiroirs contenaient des moulinets Vom Hofe et Pflueger, avec cliquet et frein, et un système qui permettait la rotation de la bobine sans tourner la manivelle. Etant profondément croyant, il ne pêchait jamais le dimanche ; mais cela n'avait rien à voit avec 'l'entraînement' de sorte que, quand d'autres étaient à l'église, lui et certains de ses vieux copains trottinaient d'un pas raide jusqu'à la plage pour s'exercer à lancer avec uniquement le plomb au bout de la ligne. Pour quelque raison, le simple plaisir je suppose, il semblait retrouver ses forces à la minute même où il se positionnait pour lancer.

C'était un ravissement de suivre des yeux la parfaite parabole que décrivait le plomb qui se dirigeait précisément là où il avait l'intention de le lancer. Une perruque eut été un sacrilège chez cet homme. Mais il y avait dans le lot d'autres lanceurs qui n'étaient pas aussi adroits. Un jour d'été, un novice qui effectuait le lancer latéral au milieu d'un groupe d'aficionados au bout de notre jetée en bois, fit sa rotation avec toute la puissance dont il était capable afin de projeter le plomb au loin dans la mer. Malheureusement, il attrapa un Japonais par l'oreille. L'hameçon pénétra avec une telle force qu'il tira l'oreille vers l'avant et entra dans le crâne japonais. Le plomb s'enroula alors à toute vitesse autour de la tête et, bing, le frappa au front et faillit l'assommer.

Mais nous autres locaux détestions la pêche sur la jetée où il y avait toujours foule, ce qui voulait dire que nous perdions l'essentiel de la pêche en surf casting, à savoir le luxe de notre - 15 -propre solitude. Cela, associé à notre recherche de problèmes à résoudre, comme deviner si tel ou tel banc de sable s'était déplacé, constituait l'essence même du surf casting. Et puis soulever des poissons de deux ou trois livres comme autant de seaux est une chose fort différente de l'échouage d'un 25 livres qui lutte au milieu des lames. Là, il faut faire appel à toute votre habileté et votre intelligence. Et vite. Dans de telles conditions, avec un fort ressac et le retrait de la dernière lame qui pèse d'autant de livres supplémentaires sur la ligne tendue à l'extrême, vous n'avez pas le droit à l'erreur.

Incapable de jouer les Sancho Pança auprès de mon vénéré voisin, et ayant l'impression (tout à fait correcte) que j'avais peu de chance de jamais gagner cette belle canne moi-même, je m'attachai au deuxième meilleur pêcheur de ma connaissance sur ce bout de côte. C'était un vieil immigré allemand dont j'ignorais la profession ou les convictions politiques, mais peu m'importait. Tout ce que je savais, c'était que si je voulais assister à la capture de l'un de ces monstres, c'était l'homme qu'il me fallait. C'était aussi son sentiment.

On ne peut pas acheter l'enthousiasme. Pas plus qu'un jeune garçon qui fera plus d'un kilomètre en courant pour aller vous chercher des appâts. Ou quelqu'un qui restera des heures silencieux tandis que vous ruminez vos pensées. Quelqu'un qui tiendra votre canne comme un talisman pendant que vous faites une petite sieste. Ou, compagnon encore plus merveilleux, un garçon qui ramassera du bois flotté pour faire un feu quand la nuit est froide, et que le bois brûle en flammes vertes à cause du cuivre qu'il contient, et qu'assis tous les deux, vous dévorez les appâts, les grasses palourdes que vous avez rôties dans les braises. Les palourdes que refusent les daurades ...

Mais une nuit de lune, elles ne les refusèrent pas. L'Allemand s'était avancé loin dans les vagues, et avait effectué son lancer. Maintenant il se séchait devant le feu. Il avait repris tout le mou de la ligne et engagé le cliquet après avoir posé sa canne sur un support qu'il apportait toujours à cet effet, car les cannes de surf ne sont pas légères. Si vous le pouvez, vous utilisez une lourde ceinture avec une poche en cuir pour y tenir l'embout de la canne contre vous pendant le combat avec un poisson. Le moulinet hurla !

Je ne connaissais pas un seul mot d'allemand alors. Mais j'eus droit à une véritable salve. Il tenait un gros poisson, cela ne faisait aucun doute à voir la courbure – et les soubresauts de sa canne. Les aboiements de Joe montraient que même lui s'était rendu compte de l'importance du moment. Car l'Allemand faillit devenir fou. Ce qui s'était passé, c'est que son moulinet s'était bloqué. Si j'enviais mon riche voisin qui possédait des moulinets équipé des derniers gadgets, cet homme lui avait un matériel qui me faisait de la peine. Son moulinet n'avait pas seulement un frein, mais des super-super freins. Et l'un d'eux s'était bloqué. La bobine était comme verrouillée. La seule chose à faire maintenant était de courir en long et en large le long du rivage, ou de bas en haut du rivage, car c'est le poisson qui le tenait !

Dans cette lutte acharnée, mais imprévue, le gros Allemand fit preuve d'une agilité presque indécente. Une minute, il me criait des ordres du haut des dunes de sable (bien que je ne voyais pas ce que je pouvais y faire) ; la minute d'après il passait devant moi à toute allure en direction des vagues. La daurade avait foncé en eau profonde. Le poisson le subjugua quelque temps. « Grosse poisson ! Grosse poisson ! » me criait-il sans cesse. Mais la courbure de sa canne m'avait déjà appris cela. Finalement de forts glapissements teutons en provenance des dunes m'annoncèrent qu'il était en train d'échouer le poisson.

Et avec quelle adresse ! Sans quitter des yeux la vague qui arrivait, il se recula avec elle. Le poisson était fatigué. Le pêcheur le plaça juste devant la vague et courut avec lui vers le rivage en gardant sa ligne bien tendue, et en amenant le poisson avec la vague qui déferla très haut sur le sable. Puis il le maintint sur place. La vague repartit. Au clair de lune se débattait une énorme daurade rayée.

C'est alors que je cassai la ligne.

J'avais essayé de mettre le poisson au sec plus loin en tirant sur la ligne. Fatale ignorance ! Son poids mort l'avait instantanément cassée. Mais je l'échouai. Je me précipitai et me laissai tomber dessus, en plongeant la main et le bras dans ses ouïes. Geste ... piquant. Mais quand la vague suivante arriva, nous tenions notre superbe capture dans le clair de lune – juste pour le plaisir des yeux.

Tout pêcheur a dans sa vie un poisson qui le hante : un gros poisson, un poisson spécial qu'il a perdu. Même moi parfois, éveillé la nuit, je gémis sur la perte d'une truite de mer de huit livres que j'avais tenue pendant deux heures quarante au bout d'un bas de ligne en 3 X à Laxo dans les Shetlands. A chaque fois que j'en parle, elle gagne une livre de plus. Et quel aurait été le poids de la daurade rayée de notre Allemand si la vague suivante l'avait emmenée, je ne peux le dire. Mais quand nous descendîmes en ville au milieu de la nuit pour réveiller Mr Seager, le fabricant de cannes, pour qu'il puisse la peser alors qu'elle ne s'était pas encore desséchée, la balance n'indiqua que 25 livres et demie. Elle ne pouvait même pas figurer dans le trio de tête cette année-là, et ne remporta aucun prix. Mais elle gagna une place impérissable dans mon souvenir, car c'était le premier gros poisson de sport que j'avais vu capturer.

Je revois encore la nuit, avec le phare silencieux en face, car c'était sur un chenal – chenal au-dessus duquel nous nous tenions sur les traverses pour y puiser à l'aide de carrelets les harengs qui tentaient de franchir la chute d'eau tourbeuse pour rentrer dans le lac Deal. Nos balayages rapides de l'eau, presque aussi vifs que des coups d'aviron, se heurtaient pour finir à un poisson piégé. Les gosses que nous étions alors les vendions en ville à trois ou quatre cents l'unité. Puis, au printemps, les petits poissons migraient du lac (sans doute issus d'une fraie antérieure, de deux ou trois ans). Ils avaient la taille de grosses sardines et nous les attrapions en masse pour les revendre comme appâts, ou bien nous les mettions dans des pots à confitures pour les conserver en ajoutant du sel. (Je sais que les harengs sont censés se reproduire en mer, et que leurs œufs, en masses gélatineuses, coulent prétendument au fond de l'eau. Pourtant c'étaient certainement des harengs que nous prenions lors de leur remontée dans ce chenal.) C'était toujours la même technique : le gros hameçon inséré dans la bouche, ressorti par une ouïe, puis retourné et repiqué dans le poisson près de la caudale. Sur le montage en paternoster, le bas de ligne en trois brins supportait toujours un bouchon (un bouchon ordinaire en liège effectivement) fendu et refermé sur le fil si bien qu'on pouvait le faire coulisser. Par ce moyen, nous ajustions le bas de ligne pour que l'hameçon puisse se tenir à quelques centimètres du fond et ainsi rester hors de portée des crabes.

Avec ces appâts, nous prenions des 'truites de mer' qui, avec leur petite bouche et leur centaine de points, ressemblent effectivement à des truites. Et de fait, vers le sud, le long de la côte atlantique, on les appelle des 'truites de baie' bien qu'elles n'aient pas de nageoire adipeuse. Leur belle chair blanche est ferme, elles sont délicieuses dans l'assiette ; et elles sont un des premiers poissons de sport en mer. (2)

Le surf casting n'est pas un sport de mauviettes

Nous utilisions aussi les crabes comme appâts. Le crabe américain dépouille sa carapace tous les ans, je crois, et il le fait en quatre étapes. D'abord, il est à carapace dure, puis elle se fendille, il s'apprête ensuite à s'en débarrasser et enfin c'est un crabe mou. Avec ce dernier, on peut prendre les deux extrémités acérées, les replier et l'ouvrir. Là dans la main, il présente la même coloration vert foncé avec des pinces blanches et bleues, mais avec la caractéristique essentielle que sa peau est déjà si coriace, prête à reformer la nouvelle carapace, qu'il tiendra à l'hameçon et supportera tous les lancers, à moins d'être maladroit. C'est alors un vrai délice. Le crabe mou américain frit dans la graisse grésillante avec des croûtons de pain et servi à la sauce tartare, est un plat à ravir les gourmets. C'est une autre des récompenses dans la vie d'un pêcheur du bord de mer, car pendant les longs mois d'été, les lagunes salées et peu profondes sont remplies de ces crabes mous sans défense dont vous verrez certains transportés sur le dos des crabes à carapace dure.

Mais pour le pêcheur de surf casting, rien sans doute n'égale un passage de 'bleutés'. Le bleuté est un poisson combatif de la famille des maquereaux qui se déplace en bancs. On se sert d'un 'calmar', c'est-à-dire un objet en plomb pointu et bien aiguisé, qui rappelle la pointe doublée d'une lance, et dont la coupe transversale du centre serait un diamant acéré. A une extrémité du 'calmar' est fixé un lourd hameçon noir. Les bleutés attaquent avec une telle férocité qu'ils arrachent fréquemment cet hameçon. On emploie une crinelle d'acier et on polit le 'calmar' en plomb au couteau chaque jour avant la pêche pour lui donner un vif éclat argenté. On le lance comme un devon ou un Dowegiac (3) dans l'eau blanche de la marée ou un secteur de la baie où l'on pense que les bleutés se rassemblent. On récupère à l'aide du moulinet quadruple à grosse bobine à l'instant où le 'calmar' touche l'eau. Il nage à toute allure comme un poisson en lançant des éclairs dans l'eau verte. Quand un bleuté l'attaque, il vous arrache presque la canne des mains, et c'est toujours un vrai combat pour l'échouer.

Dans la vaste étendue de la baie Barnegat, nous 'boëttions' aussi les bleutés dans un petit bateau gréé à taille vent, les écoutes pas trop tendues, ou bien dans l'un de ces canots à fond plat et à proue arrondie (dont on se servait plus tard pour aller tirer les canards), traînant à l'arrière un sac plein de menhadens écrasés. Le menhaden ressemble au hareng et dégage une odeur pestilentielle. D'ailleurs, la seule autre occasion de le voir, c'est quand les fermiers du New Jersey s'en servent comme engrais. Ces menhadens laissent une large veine huileuse dans le sillage du voilier et les bleutés, qui en raffolent, rappliquent de partout dans la baie en direction de cette nappe prometteuse au milieu de laquelle vous traînez le 'calmar' à vive allure.

Si vous êtes seul dans votre canot (de toute façon, on n'y est à l'aise qu'à deux), vous n'aurez pas de trop de vos deux mains pour vous occuper de la voile et des poissons en même temps.

Pendant ce temps, à mesure que l'été avance, votre peau se tanne comme du cuir, et sous l'action du sel et du soleil, vos sourcils et vos cheveux blanchissent comme ceux d'un bébé suédois. En séchant la ligne le soir venu, et marchant sur le balcon d'un vieil hôtel en bois qui se dressait autrefois près du phare de Barnegat, j'étais en pleine santé et tellement satisfait, vibrant encore des plaisirs de la journée de pêche, que j'avais l'impression que tout cela était trop beau pour être vrai.

Eh bien, c'était le cas. Allongé là-bas la nuit pendant mes vacances universitaires, les yeux fixés sur le faisceau du phare, les oreilles pleines du bruit incessant et réconfortant des vagues à mes pieds, je savais que mes jours de grandes vacances prendraient bientôt fin. Il me faudrait très bientôt travailler, et remiser les cannes à pêche. Deux semaines par an environ pour moi tout seul représentaient désormais le maximum que je pouvais espérer. Les longs étés de bonheur allaient disparaître.

Mais il y a également la pêche en eau douce, dans les terres, qui fait connaître d'autres paysages et une philosophie entièrement différente. Par philosophie, j'entends les pensées et méditations qui vous viennent à l'esprit quand vous êtes en action de pêche. Car les pensées d'eau douce n'ont pas la grandeur qui s'impose au spectacle du vaste Atlantique. Notez bien que je ne parle pas de la pêche sur les jetées et digues, aux côtés d'autres pêcheurs et curieux , ou même à proximité de bâtiments ; non, je parle de ce à quoi le pêcheur invétéré du bord de mer rêve toujours : la mer simplement et lui-même.

Mais je fais exception naturellement pour la pêche de la truite de mer et du saumon dans les rudes étendues de l'Ecosse romantique, ou dans les îles Hébrides et Shetland où la bruyère prend une couleur bordeaux au crépuscule. Aucun paysage ne saurait être plus magnifique que ceux-là.

Sinon, votre esprit contemplatif vous poussera à demeurer sous un saule à l'image d'Izaak Walton (4), ou à accueillir Dame Nature gracieusement et le cœur ouvert, comme Lord Grey of Fallodon (5) ; mais vous devez en convenir, vos récompenses seront physiquement moins grisantes. Il se peut que vos réflexions philosophiques soient plus délicates – et reflètent une perception plus raffinée – c'est presque une certitude car la mer et le sel vous commotionnent trop, mais elles sont plus contemplatives qu'actives.

Nous autres américains avons deux poissons, le black-bass à petite bouche et le black-bass à grande bouche, qui n'ont jamais reçu la reconnaissance qu'ils méritent de la part des pêcheurs d'autres pays. Nous pensions qu'ils étaient, à poids et à taille égale, les plus combatifs (à l'exception d'un petit poisson, le bonefish, qu'on trouve sur les hauts-fonds des récifs coralliens au large des Keys en Floride.) Je croyais cela aussi autrefois, avant de connaître la truite de mer. Pourtant, même maintenant, à taille égale et à poids égal, c'est un peu pile ou face.

Le black-bass à petite bouche est de loin le plus combatif des deux. Pour découvrir toutes ses qualités, il est impératif de l'aborder dans les lacs alimentés par des sources d'eaux froides et claires, du nord de l'Etat de New York, ou dans certains des lacs froids du nord comme ceux du Wisconsin. Quand il mord, s'il attaque un leurre en surface, ou juste dessous, il bondit dans le ciel comme Nijinski, et se débat sans cesse en surface tant que vous ne l'avez pas mis dans le bateau. Et à chacune de ses chandelles, votre cœur s'arrête, car vous savez qu'il secoue la tête avec violence et obstination en essayant de se défaire du leurre.

C'est un leurre qu'on propose à ces superbes poissons de sport en eau douce. Là encore, on utilise le moulinet quadruple (c'est-à-dire qu'un tour de manivelle équivaut à quatre tours de bobine) ; et là encore le pouce, freinant avec intelligence et la plus grande délicatesse, doit contrôler le dévidage pour éviter la perruque. On lance à une main à l'aide d'une canne qui excède rarement six pieds, et une ligne en soie non graissée finement tressée. Cette ligne en soie inachevée, galonnée, représente le summum même de la flexibilité. Et, comme je l'ai dit, le pouce doit prendre la place du cerveau.

On lance des poissons nageurs, des 'plugs'. Un leurre de surface comme le Wilson Wobbler en forme de cigare, de couleur blanche avec des cannelures écarlates ; des Dowegiacs peints et compacts, à l'allure de vairons, et même un leurre flottant blanc dont la tête tourne et qui fend l'eau comme un remorqueur. Au moment où le plug tombe à l'eau, il faut commencer à mouliner. Personne ne peut prouver exactement pourquoi les black-bass se jettent effectivement sur certains de ces leurres, ils ne peuvent pas penser que ce bidule blanc qui nage en zigzag sur l'eau soit un poisson. Pas plus que le Jamison Coaxer, cet agencement blanc de forme ovoïde muni d'un hameçon fixé à un autre hameçon, et d'une plume écarlate placée latéralement. Quant à moi, je pense que c'est la colère qui les fait attaquer. Car j'ai peint en rouge une pince à linge que j'ai lancée sur leurs nids (quand le mâle y monte la garde) et je les ai fait bondir dessus comme des fous furieux. Les black-bass sont également friands de petites sauterelles et de criquets.

Je vécus des années au bord d'un lac de sources dans les basses Catskill. Je connaissais alors les black-bass depuis mes treize ans, et il fallait toujours que je me retienne, dans mes plus jeunes années, de les pêcher sur leurs nids. Leur rage signait leur arrêt de mort. Une chose intéressante, c'est que les black-bass – à moins qu'une année se produise un accident de la nature – ne venaient jamais frayer avant que la température de ces lacs aux eaux glaciales n'atteignît 11°c. Puis après la construction de ces nids ronds et blanchâtres à l'aide de leur caudale, la dépose des œufs par la femelle et leur fertilisation par la semence du mâle, la femelle disparaissait. C'était toujours le mâle qui restait garder le nid contre d'autres black-bass ou contre les brochets et brochetons à tête d'alligator.

Suivant la position du soleil, ces lacs prenaient parfois une teinte bleue. Ils étaient masqués par des pins, des hêtres, des chênes ou des châtaigniers. Leurs rives et îles étaient couvertes de rochers de granite gris. C'était un paysage superbe et âpre. Il n'y avait rien de doux dans l'habitat du black-bass à petite bouche. Quand les feuilles des arbres prenaient leurs couleurs automnales, ces rives resplendissaient d'une couleur rouge et jaune feu. On y pêchait d'ordinaire depuis un bateau, en dérive ; on ne jetait pas l'ancre, pas à la pêche aux leurres. Quand on lançait le plug habilement entre des hauts-fonds granitiques, et que le poisson l'emportait en l'air en effectuant sa chandelle, on ressentait alors l'une des plus fortes émotions que la pêche peut procurer en Amérique.

Ce black-bass est doté d'une bouche dure, faite pour la lutte. Il ne grossit pas autant que son frère ; un quatre livres par exemple, serait considéré comme un poisson superbe, voire exceptionnel, en tout cas un spécimen rare, tandis qu'un black-bass à grande bouche de quatre livres est ce qu'on appellerait 'juste moyen'. Un beau poisson certes, mais pas de quoi se vanter.

Avec le black-bass à grande bouche, nous pratiquions une méthode de pêche fascinante. Je crois que la maison Leonard à New York fabrique maintenant une canne spéciale pour cette technique. C'est un bambou refendu, mais court et raide comme une canne à truite dont on aurait coupé la pointe du scion. Elle est robuste, parce qu'avec cette technique de pêche, il faut ferrer très sèchement pour faire pénétrer l'hameçon. Comme appât, nous utilisions de petites grenouilles vivantes.

Je sais que cela paraît inhumain. Mais un 'grenouillard' méprise toujours le pêcheur qui a recours à des leurres artificiels et tourne en ridicule sa 'quincaillerie'. En outre, lancer une grenouille vivante correctement exigeait doigté et délicatesse. Pendant de nombreuses années, j'ai pratiqué avec l'un des meilleurs 'grenouillards' des Etats-Unis. En tout cas, il allait presque de soi qu'il remportait tous les prix offerts par les grandes revues de pêche.

Pourtant ce médecin n'allait pas à la pêche aux prix. C'était un homme du Sud profond, un gentleman au cœur pur. Il ressemblait au vieux président Theodore Roosevelt qui, affirmait-il, était ce qu'un homme complet devrait être, et il parlait aussi comme lui. Et bien qu'il eût juste de quoi vivre confortablement, ce vieux et remarquable docteur se moquait de l'argent et de la célébrité, et même de son renom médical. Il ne vivait toute l'année que pour un seul mois : juillet.

Tous les matins en juillet sauf le dimanche, un homme du coin se présentait à sa porte avec 75 petites grenouilles vivantes dans une boîte. Alors le docteur montait dans sa vieille guimbarde. Il rentrait au coucher du soleil, rouge comme une tomate avec, étendus sous un sac de jute mouillé, une douzaine environ de monstrueux black-bass. D'où il extirpait continuellement un tel stock de gros poissons, les voisins ne purent jamais le deviner. Il faut dire qu'ils n'étaient pas non plus particulièrement intéressés, car comme je l'ai dit, cela se passait à l'époque où il fallait gagner de l'argent, et la plupart des riches propriétaires de résidences d'été autour de ce lac toléraient simplement le docteur. Ils l'aimaient bien, mais le considéraient plutôt comme un imbécile, à pêcher ainsi sous un soleil de plomb.

Mais il me harcelait si souvent sur ma 'pêche de quincaillier' que je l'imitai par pure autodéfense, et fus gagné par le démon de la pêche à la grenouille.

Il y avait un lac sablonneux peu profond à quelques heures de route. Un tantinet trop calme pour les vigoureux black-bass, cette nappe bordée de roseaux reposait en son milieu sur une espèce de colonne vertébrale de saules qui paraissaient presque pousser dans l'eau.

« Negley, » disait le vieux médecin, en fixant une nouvelle grenouille par les lèvres à l'hameçon, « les vieux black-bass, les gros malins, se tiennent à l'ombre de ces saules pendant la journée quand il fait chaud. Regarde, il y en a un ... juste ... là ... que j'ai fait bouger une ou deux fois... »

En prononçant 'juste là', le docteur effectua son lancer – une bonne longueur de soie déjà tirée du moulinet sur les doigts d'une main, et la ligne en soie graissée dans ce cas, filait aisément dans les anneaux. C'est tout un art d'expédier la grenouille sans à-coup. Il ne faut pas la tuer, ou l'estourbir, en lui tirant sèchement sur la tête. Il faut la déposer en douceur sur les saules.

« Oui..., dit le docteur à ce souvenir, il fait au moins cinq livres... ce pépère là-dessous. »

Et en disant cela, il fit gentiment glisser la grenouille de la branche de saule vers l'eau. La grenouille tomba, et se mit instantanément à nager – en battant l'eau de ses pattes postérieures. Si le black-bass ne s'en emparait pas alors, le docteur récupérait sa ligne par des tirées régulières si bien que chacune allongeait les pattes de la grenouille, et chaque pause lui donnait le temps de se remettre à pousser l'eau. Mais en général un gros black-bass à l'affût était prêt à bondir.

Il se produisit un remous, et la nageuse fut happée sous l'eau.

« Mais tu ne ferres pas maintenant, Negley ! »

Non, expliquait le docteur, ça ne ferait qu'arracher la grenouille de la bouche du black-bass. « Parce qu'ils prennent toujours la grenouille par le côté dans un premier temps. Puis ils s'éloignent et, sous l'eau, la recrachent avant de l'avaler tête la première ! » Et donc, tandis qu'il me fournissait cette explication, j'observai avec appréhension la ligne glisser dans les larges anneaux de la canne Leonard. Le docteur ne fit aucune tentative pour l'arrêter, bien au contraire, il donnait docilement du fil pour que le poisson ne sente aucune résistance.

Puis il se produisit une pause quand la ligne cessa de filer. Les muscles de la mâchoire du docteur commencèrent à se contracter. Ensuite la ligne repartit lentement. Soigneusement, oh avec quel soin ! – le docteur récupéra tout le mou avec délicatesse ; puis il se pencha en arrière – et ferra !

Eh bien, si vous avez jamais remué une pagaie dans une baignoire, vous imaginez le tapage qui se déclencha. Un énorme black-bass de cinq, six, peut-être huit livres, l'hameçon profondément piqué dans la gorge, était fou ! Il bondit au-dessus de l'eau, projetant des gouttelettes en tous sens, se cambra et fit volte-face comme un avion dans un combat aérien entre chasseurs, et retomba bruyamment dans une gerbe d'eau.

« Recule ! cria le docteur, éloigne-moi de ces saules ! Vers le lac ! Pour l'amour du ciel, reste de son côté. Attends – ne bouge pas – il repart. Ah – je t'ai, mon beau ! »

Le poisson avait refait une chandelle en l'air, éclatant au soleil, puis était retombé. Et au milieu de ces ordres contradictoires, j'avais pu gagner l'espace nécessaire entre la rive et nous. L'art de la pêche à la grenouille vous mécontentera des leurres artificiels. Le déroulement en est plus visible parce que, la plupart du temps, vous ne quittez pas des yeux la grenouille, chose que vous avez rarement l'occasion de faire en pêchant avec un vairon vivant. A chaque sortie, après que le docteur et moi avions capturé quelques beaux poissons, nous prenions délibérément le risque d'en perdre un simplement pour avoir l'occasion d'observer le black-bass s'emparer de l'appât. Le poisson agissait toujours comme l'affirmait le docteur : il prenait la grenouille par le côté, puis s'éloignait en profondeur pour la recracher. On n'était jamais aussi proche de l'observation de la pensée d'un poisson que quand on voyait un des ces black-bass trapus fixer la grenouille… avant de foncer dessus pour l'avaler tête la première. C'est alors qu'on ferrait, et à des distances aussi rapprochées, qu'on était témoin de toute la frénésie, de toute l'énergie qu'on avait déclenchée.

Quant à la cruauté de ce sport, elle ne aurait être plus impardonnable que d'accrocher un vairon vivant par le dos et faire nager la pauvre bestiole, condamnée de toute façon. Parfois les grenouilles revenaient 'sans pantalon', ou bien avec de longues déchirures triangulaires dans la peau verte et blanche. Cela signifiait qu'un brochet, petit ou gros, leur avait donné un coup de gueule, avec leurs longues rangées de dents obliques. Nous tuions toujours ces grenouilles immédiatement et les jetions sur la rive. Le docteur faisait toujours aussi preuve de fair-play, même avec les grenouilles. Il ne faisait jamais plus de quatre lancers avec la même : « Elle a fait son temps, » disait-il alors en me regardant par-dessus ses lunettes ; « elle a gagné sa liberté. » Ainsi, quand nous revenions au bord pour déjeuner à l'ombre d'un arbre, le vieil homme relâchait toujours environ une douzaine de petites grenouilles pleines de vitalité. Ses lancers à lui ne les avaient pas blessées. Un pêcheur moins adroit que lui pourrait en tuer une en seulement deux lancers. Et elles grandiraient, disait le docteur en me rappelant l'Oncle Remus (6) pour chanter à tue-tête la chanson de la grenouille-taureau : « Le croa- surtout- poas ! Le croa-surtout- poas ! »

J'ai aussi souvent pris du black-bass sur une mouche rouge comme la Parmachenee Belle ou la Cardinal.

Ces black-bass combatifs et déterminés des lacs du nord avaient une chair fine et blanche qui se détachait aisément lors de la préparation d'un plat froid, après les avoir bouillis. Le docteur faisait une salade qu'aurait enviée Prunier à Paris. Il déposait les miettes de chair froides sur de la glace où il les laissait reposer une nuit. Et le matin, son vieux cuisinier noir cueillait de la salade fraîche et la hachait finement. Puis le docteur préparait une mayonnaise, relevée de moutarde. Il mettait le tout – black-bass, salade et beaucoup de mayonnaise – dans un saladier et le tournait pour obtenir une préparation homogène, semblable à l'une des fameuses salades au homard de chez Scott. Puis il en faisait un moule qu'il reposait sur la glace. Par une chaude journée – et les étés en Amérique sont souvent plus que tropicaux – cette salade froide, fortement assaisonnée, servie au déjeuner pouvait déclencher la gourmandise, même chez un dyspeptique.

Plus au sud, les black-bass à grande bouche atteignent une taille énorme ; je crois qu'un huit livres n'est pas rare du tout en Floride. Mais de même que les poissons prennent souvent leur robe en fonction du substrat, de même leur chair acquiert sa saveur à la fois grâce à leur nourriture (comme par exemple les truites arc-en-ciel qui trouvent des écrevisses en abondance ont une chair presque rose saumon) et à la température, la rapidité et la clarté des eaux dans lesquelles ils vivent. La chair du homard, par exemple, s'améliore le long de la côte américaine au fur et à mesure qu'on remonte vers l'Etat du Maine, et qu'il fréquente le courant froid du Groenland. Les huîtres draguées dans les eaux septentrionales sont plus succulentes. Et, j'en suis sûr, la qualité du black-bass américain, tant sportive que gastronomique, doit se dégrader à mesure qu'on le prend plus au sud.

Je sais que j'ai pris un risque en entamant ce livre avec ce qu'un Anglais appellerait du 'poisson blanc'. Nous autres aux Etats-Unis ignorons une telle distinction. En Angleterre, il faut admettre que les saumons et truites sont deux poissons qui doivent censément être pêchés uniquement par des 'gentlemen'. On trouve tout un ordre social bâti là-dessus, dont la preuve est 'l'hôtel de pêche'. Qui parmi nous a voyagé sur la côte ouest de l'Irlande, dans les îles Shetland, les Hébrides ou le sud-ouest de l'Angleterre – Somerset et Devon – sans connaître la sinistre différence entre 'l'hôtel de pêche', c'est-à-dire celui du 'gentleman', et le pub minable au linge sale réservé aux 'voyageurs de commerce' ? Il est inutile de s'éterniser sur ce point, sauf sur un détail supplémentaire. Etre reconnu en Angleterre comme un excellent pêcheur à la mouche signifie que vous êtes parvenu à une situation définitive de mérite. C'est une distinction, et à juste titre. Cela fait pardonner toute trace du snobisme dont vous pourriez faire preuve en pratiquant ce noble sport. Alors qu'aux Etats-Unis jusqu'à la fin de la dernière guerre, quelques hommes comme Henry Van Dyke auraient pu gagner quelque distinction, et Zane Grey avec ses captures de monstrueux poissons de mer gagna certainement une notoriété mondiale, mais c'était en fait à cause de leurs écrits : Van Dyke et sa belle philosophie ; Zane Grey et son exploitation colorée du sensationnel. Dans tous les états où l'on trouve truites ou saumons, nous avons des clubs de pêche dont les adhérents, qu'ils soient pêcheurs en sèche ou en noyée, sont probablement aussi bons que les experts que vous trouverez en Angleterre. Mais pour le citoyen ordinaire (et par là, j'entends le pauvre) la pêche était considérée comme une perte de temps et même comme un passe-temps de propre à rien.

Chose curieuse, ce n'était pas le cas du golf.

Mais comme me le souffla un vieux coureur de rivières : « La pêche fait réfléchir. » Il n'y avait pas une ville aux Etats-Unis sans sa propre secte de fanatiques, dont toujours un original, fréquemment l'ivrogne local, dont l'unique consolation consistait à passer des journées oisives, assis près d'une canne au bord de quelque cours d'eau, étang, lac ou même marais. C'est l'un de ces phénomènes qui m'offrit ma toute première rasade d'alcool. Il s'appelait Welsh 'le Baratineur'. Pourquoi le Baratineur, je ne le sus jamais. Il ne parlait pas beaucoup, et ne chantait pas non plus – à Dieu ne plaise ! Même aujourd'hui, mon esprit tremble à la perspective de voir le vieux à l'haleine puante se mettre à chanter ! Mais le Baratineur était gentil, et parvenant à m'échapper de la maison, je m'en allai un soir de brume m'asseoir avec lui sur un pont d'où nous pêchâmes des poissons-chats, avec des morceaux de foie cru, dans un petit cours d'eau maltraité qui s'écoulait dans un marécage. Le Baratineur me montra comment glisser la main sur leurs flancs visqueux depuis la queue de façon à ce que les aiguillons piquants de leurs nageoires – la dorsale et les deux pectorales – passent sans dommage entre mes doigts, puis les tenir fermement pour en extraire l'hameçon tandis que le poisson 'grougroute'. Un poisson-chat à ventre blanc peut être un plat délicieux ; un peu doux, comme l'anguille. Autrefois, 'le poisson-chat aux gaufres' était une fameuse spécialité de Philadelphie dans les auberges du bord de la Schuylkill.

Content de notre pêche, le Baratineur extirpa de sa poche arrière une flasque de whisky 'tord-boyaux'. « Allez, le Jeunot, prends un peu d'appât. » Docilement, je bus une longue gorgée et faillis recracher un poumon. C'était, ainsi que les Indiens l'avaient correctement nommée, de l'eau de feu !

Dès mes débuts avec le Welsh le Baratineur, par cette soirée brumeuse éclairée par la lune, les poissons me fascinèrent. J'étais encore plus attiré par eux que eux ne l'étaient par mes appâts. C'est un véritable plaisir aujourd'hui de longer une rivière anglaise sans canne, et d'observer les truites, de me demander ce qu'elles font, et à quoi elles pensent en ouvrant leurs petites bouches noires, postées dans le courant nourricier. Je n'éprouve pas d'impatience. J'observerais n'importe quels poissons, ils me fascinent, même sur l'étal du poissonnier.

Et ainsi, poussé par cette séduction, je pêchais dans les étangs d'eau calme où les nénuphars jaunes restaient immobiles dans la chaleur du jour, et dans les étendues marécageuses dont les miasmes semblaient faire tomber les tortues des branches mortes d'arbres abattus – plop, plop, plop – à mesure que progressait le canoë. C'étaient des espaces isolés, à l'abri des hommes, où chantaient les merles aux ailes rouges qui bâtissaient leurs nids dans des touffes de roseaux et où le héron bleu solitaire cessait sa pêche mélancolique pour s'envoler lourdement. Tous ces paysages me disaient des choses. Puis, comme je l'ai décrit, je maîtrisai l'art du surf casting et rejoignis la coterie des fanatiques. J'étais à l'apogée de la gloire. Ensuite, j'acquis l'adresse et ressentis les frissons de la pêche aux appâts. Tout, j'aimais tout. Mais à une exception près, vous ne trouverez pas de poisson record dans ce livre. Puis je cessai de pêcher.

Je ne veux pas que cet ouvrage soit plus autobiographique que nécessaire, mais j'apporte des éléments personnels pour prouver ce que j'avance, à savoir que pour un esprit réceptif, ce que l'on retire de la pêche est infiniment plus que des poissons. Pour cette raison, je crois que ni la taille, ni la quantité n'importent beaucoup. La pêche devrait être l'exercice d'un art, et sa récompense les endroits où elle vous conduit. Si ces deux choses ne sont pas vos principaux objectifs, alors c'est que vous ne connaissez pas la pêche. Dans cet état d'esprit donc, je savais qu'en renonçant délibérément à pêcher pour un temps, je cédais aux circonstances.

Il me vint un jour à l'esprit que les trois occupations que je connaissais et aimais le plus – la pêche, la chasse et la voile – ne seraient jamais bien pour moi. Ou plutôt avantageuses pour moi. Toutes étaient inutiles, on ne pouvait pas en vivre. De fait, j'y consacrais trop de cette chose fuyante qui s'appelle le Temps. Si je continuais dans cette voie, je ne ferais rien de ma vie. Cela n'avait-il pas été prophétisé ? Donc au diable les puérilités ! Il fallait que j'avance dans la vie.

En réalité, je ne pris jamais une pareille décision car je pensais être tombé amoureux. Et imperceptiblement, je perdis tout autre intérêt. Presque automatiquement, j'accrochai la longue canne de surf casting en greenheart par la pointe à un clou. Ce n'était qu'un long brin, au pommeau détachable, protégé par des enroulements de cordelette. La petite canne à lancer de marque Bristol, en quatre brins en acier, retrouva son fourreau. Une canne Duplex à truite et black-bass, de la marque Abbey & Imbrie retourna dans les rainures de velours dans son étui en bois. Les lignes furent séchées et expédiées.

Moi aussi. Je partis en bateau pour l'Angleterre, quelques jours avant le début de la dernière guerre. A mon retour six années plus tard, la peau tannée comme du cuir par le soleil d'Egypte, je trouvai la greenheart décrochée de son clou, posée en travers du placard, et courbée comme un arc. C'en était fini pour elle. Mais l'histoire des deux autres cannes est encourageante, car en 1921-1922 en Colombie britannique, elles m'aidèrent toutes deux à rester en vie, du moins, elles me fournirent une nourriture bon marché. Je me servis de la canne à truite pour la dernière fois en 1929 dans le Caucase où sa pointe fragile cassa. La canne à lancer et le vieux mais superbe moulinet Vom Hofe me firent prendre de nombreuses et magnifiques truites en 1935 et 1936 dans les Alpes de Slovénie au devon. Puis, elle aussi cassa. La maison Hardy me fit, vers 1930 à mon retour de Russie, une copie de la Duplex de chez Abbey & Imbrie en y ajoutant ses propres améliorations (comme on pourrait s'y attendre de sa part) ; et très récemment, en décembre 1940, je m'offris un cadeau de Noël en commandant chez Hardy une canne américaine de surf casting en greenheart. Je fais des essais en ce moment avec elle sur la côte nord du Devon.

On ne sait jamais, même cette superbe canne pourrait un jour aider à me nourrir.

Mais à ces débuts, l'autre moitié du plaisir de la pêche résidait dans le besoin d'en tirer en fait de quoi manger. Sans aucun doute cela y ajoute-t-il un certain piquant. J'ai pêché la truite, avec frénésie, dans les trous sans courant des ruisseaux qui se tarissaient en Virginie occidentale, lors d'une sécheresse, quand la ligne, malgré tout le soin que je prenais à ramper sur le ventre jusqu'à la rive, frappait l'eau stagnante comme un fil à linge. J'ai pincé des chevrotines fendues sur un filet à moustiques, par de telles conditions, pour draguer les truites au fond de ces trous d'eau, tant notre faim était lancinante. Et j'ai 'assommé' des cyprins : au milieu des montagnes couvertes d'essences produites pour leur écorce à tan, au plus fort de la chaleur du jour, j'ai balancé de toutes mes forces des grosses pierres sur des rochers en surplomb pour étourdir les poissons qui s'y abritaient du soleil écrasant. J'ai même, après une partie de pêche alimentaire, avalé avec jubilation de la carpe qui puait littéralement la vase.

Dans la baie Chesapeake, filant sur une petite embarcation de cinq ou six mètres destinée à la chasse, nous dormions la nuit sur le rivage dans une petite tente et ne faisions pas de provisions car nous n'avions pas l'argent nécessaire. Finalement, attirés par la promesse des célèbres perches de Betterton, nous avions compté vivre de notre pêche. Mais il n'y avait pas de perches à Betterton, je doute qu'il y en ait jamais eu et je pense toujours avec colère qu'elles ne nageaient que dans l'esprit simpliste du directeur de la publicité qui travaillait pour la compagnie maritime.

Voués à l'extermination par des affres affreusement semblables à la famine, nous tirâmes des merles avec notre calibre 22 pour boëtter un haveneau de fortune qui nous permit de capturer des crabes. Avez-vous essayé de vivre de chair de crabe tiède ? Non ? Eh bien, n'essayez pas. Cela fait maintenant trente et un ans, presque jour pour jour, en ce mois de juillet où j'écris, et pourtant je me souviens encore du matin lugubre, avec la brume qui se levait du bayou détrempé, quand mon jeune frère, un autre type et moi-même vomirent par-dessus bord un plat de crabes que nous avions fait bouillir. Nous fîmes le serment de mourir plutôt que de manger un autre crabe !

Puis, sachant que cette courageuse résolution devait être soutenue par des faits et non des paroles, nous remontâmes une rivière qui s'appelait la Sassafrass. Là je fixai quelques grains de maïs sur un hameçon et pris ainsi une carpe de douze livres. Nous n'en croyions pas nos yeux quand nous la tirâmes au sec.

Par prudence, nous décidâmes de ne pas la manger en un seul repas. Ce soir-là, nous la découpâmes en tranches que nous fîmes cuire sur un petit gril qui faisait partie de notre équipement de camping spartiate. C'était infect. Mais c'était de la nourriture. Alors nous enveloppâmes le reste dans un torchon, et le fîmes bouillir dans une casserole au-dessus des braises du feu. Puis assis dans les bois, l'estomac plein pour la première fois depuis des semaines, nous nous endormîmes. La nourriture inhabituelle nous avait anesthésiés.

A notre réveil le lendemain matin, la carpe s'était désintégrée. Le torchon aussi. Et comme il nous était impossible de distinguer l'un de l'autre, nous jetâmes le tout dans la rivière. Nous essayâmes alors de foëner des poissons au trident la nuit, transperçant tout ce que nous pouvions à la lueur d'une lanterne à acétylène. Mais après que j'eus décroché en les secouant énergiquement quatre ou cinq aiguilles (une espèce d'espadon d'eau douce) entre les jambes des deux autres en pyjamas, nous renonçâmes, au désespoir.

Nous commençâmes à marauder dans les vergers, à piller les cultures, les carrés de melons, et même à voler dans un magasin, avant que des courriers et de l'argent ne nous parviennent de nos familles angoissées. Jamais lettres plus poignantes que les nôtres n'avaient été envoyées.

Ainsi passèrent ces années.

Il y a quelques souvenirs qui s'en détachent. Dont un, une nuit où nous jetâmes l'ancre d'un yawl de onze tonnes et demie à un endroit du nom de Deep Harbour dans l'Etat du Maryland. Au crépuscule, Joe (tué à Château Thierry) et moi prîmes nos fusils et sautâmes dans le canot pour gagner le rivage et chasser les bécassines que nous voyions se nourrir au bord de l'eau. Nous en tuâmes trois, ce fut un régal au dîner ce soir-là. Après le repas, l'eau clapotant doucement sur les flancs du bateau tandis que la pleine lune se levait, nous pêchâmes paresseusement le poisson-chat. Bien que nous fussions à court de toute sorte de nourriture alors, peu nous importait d'en prendre ou non, tant la nuit était belle. Elle nous apaisa. Je n'écrivais pas à cette époque, sauf pour m'amuser, mais je voulais tellement coucher l'enchantement de cette nuit sur le papier que c'en était douloureux. Et puis, alors que nous étions assis là, silencieux, un chien hurla au loin sur la colline… Un chien qui hurlait à la lune, je n'oublierai jamais cela.

Pendant le dernier de ces longs étés de bonheur eut lieu la dernière sortie du *Putois*, un cotre bordé à clins de vingt-cinq pieds, propriété du gouvernement – il avait été désarmé – et racheté par le 'capitaine' du yacht de mon père pour quatre dollars, et je ne pense pas qu'il les valait. On dit qu'il est impossible de calfater un bateau à clins, mais Carmen, qui l'avait tiré au bord pour y passer l'hiver, versa du goudron brûlant dans les coutures afin d'empêcher le vent d'entrer.

Ceci est un livre sur la pêche, pas la voile ; mais il parle des Choses dans l'Eau, et la chose la plus vilaine que moi j'ai jamais vue dans l'eau, c'est bien le vieux *Putois*. Il 'travaillait', ses bords s'ouvraient et se refermaient comme un accordéon, il menaçait de vous entraîner par le fond à tout instant. Il n'était pas fiable parce qu'on ne pouvait ni l'échouer – il était trop lourd pour cela – ni l'éloigner au large. Il fallait trouver un compromis, une crique ou un abri quelconque le soir, écoper à minuit, mettre le réveil à sept heures du matin en priant que vous vous réveilleriez à temps. Tous les matins, la première chose à faire était d'écoper à nouveau. Et c'est en voguant dans l'une de ces criques de la baie Delaware, où les marais du New Jersey s'étendent sans interruption sur soixante kilomètres dans les terres, et qu'on aperçoit les voiles sur le fleuve Maurice se diriger vers Bivalve dans le New Jersey à plus de vingt kilomètres à travers le marais plat, que nous fîmes la rencontre des 'estropiés'.

Les 'estropiés' sont propres à la baie Delaware. Ce sont les rebuts des équipages de l'ostréiculture. Dans cette baie, on peut semer du naissain d'huîtres avec un bateau à moteur, mais il faut ensuite draguer à la voile. Cela se pratique pendant les mois en R, et une grande partie de la baie, principalement les huîtrières des hauts-fonds dans l'anse du fleuve Maurice gèlent en hiver. Et même si ce n'est pas le cas, les poulies et manœuvres se couvrent d'une épaisse couche de glace qu'il faut briser ou couper. Des doigts, parfois une jambe, en font les frais. La conséquence, ce sont ces épaves, ces rebuts humains frappés d'incapacité à cause de la glace – ou de la boisson.

En réunissant les quatre 'estropiés' trouvés à bord du *Travelling Sam*, on pourrait en faire un monstre à quatre têtes, mais on n'aurait toujours pas un homme complet ! Les plus remarquables d'entre eux étaient leur chef, un homme à la jambe de bois, et leur cuisinier, un nabot mesquin et borgne. Ils traînaient une senne sur les hauts-fonds sablonneux au large de la Crique aux Huîtres et attrapaient des truites de baie, des anguilles, des flets, des limules, bref tout ce qui ne pouvait pas s'échapper de leurs mailles fines (et illégales). Ils jetaient les limules dans un enclos de leur fabrication où ils les laissaient mourir, pourrir et empuantir l'atmosphère ; finalement ils les vendaient comme engrais aux fermiers qui cultivaient les terres au-delà du marais. Quant aux poissons frais, ils les vendaient dans la petite ville de Fortescue bâtie à environ huit kilomètres sur une étroite bande de terre. Après la vente, ils achetaient la nourriture indispensable à leur survie – le reste de l'argent étant englouti dans des flasques de 'whisky tord-boyaux'. C'était ça, la vie d'un 'estropié'.

Nous fîmes voile vers la Crique au crépuscule et jetâmes l'ancre aux côtés du *Travelling Sam* parce que nous fuyions une tempête, mais surtout nous voulions des huîtres fraîches pour faire des beignets. L'endroit ne s'appelait pas la Crique aux Huîtres pour rien car, chaussés de tennis à marée basse, nous pouvions ramasser de jeunes huîtres dans l'eau des rochers. On en remplit un sac de jute. Avec une boîte de maïs doux, de la farine, deux ou trois œufs et du lait condensé, on en fit des beignets qui auraient fait pleurer M. Boulestin.

Une légère mais agréable odeur de putréfaction flottait sur cette interminable étendue de marais salant. Une odeur que vous n'oublieriez jamais, d'ailleurs ce serait à votre corps défendant car elle portait l'odeur de la liberté. Et c'était une vie splendide d'être jeune et d'y vivre à la marge. Nous nous levions à l'aube, le ciel rougeoyant à l'est et entrions dans l'eau salée pour aider les estropiés dissolus à tirer leur senne. A cette heure, le marais était encore silencieux, l'eau de la baie grise et sombre, l'air presque insupportablement frais. Ils nous donnaient toujours tous les poissons que nous voulions, ils nous laissaient faire notre choix. C'était une de leurs satisfactions. Donc, quand ils repartaient dans leur embarcation pour rejoindre Fortescue avant que la ville ne s'éveille, nous prenions un petit déjeuner préparé sur la cuisinière ordinaire du *Putois*, assis dans l'habitacle du pilote. Nous mangions des truites de baie frites et des gâteaux de sarrasin arrosés de café brûlant. Après quoi, les cigarettes, bannies à la maison, étaient un nectar.

La vie, nous le sentions (et ce, à juste titre) ne pouvait pas être beaucoup plus excitante. Il y avait toujours du travail sur le bateau, ce qui nous donnait la satisfaction de 'faire quelque chose'. Et il y avait toujours la pêche en surf casting dans la magnifique baie qui à cet endroit s'élargit sur une cinquantaine de kilomètres. Les estropiés s'intéressaient au spectacle de la pêche sportive, mais ne pouvaient jamais comprendre le plaisir que j'éprouvais à lutter avec une grosse truite de baie. « Pourquoi diable tu la ramènes pas ? » demandaient-ils. Et quand je répondais qu'elle casserait ma ligne, ils rétorquaient : « Ben ça alors, t'as qu'à t'en acheter une plus solide, pas vrai ? »

Mais les estropiés ne s'adressaient pas la parole quand nous fîmes connaissance. Ils s'étaient brouillés à propos d'une des plus choquantes aventures de mer dont j'ai jamais entendu parler. Ils avaient aménagé le *Travelling Sam* en bar clandestin et en tripot. Leur 'trafic' consistait à faire venir les 'joueurs' de la ville sur leur bateau à tout moment et à leur vendre du whisky de contrebande au verre. Si telle était leur inclination, ils pouvaient aussi faire une petite partie de stud poker. Le jeu de poker n'était sans doute pas truqué car aucun membre de l'équipage du *Travelling Sam* n'était assez futé pour tricher. Non, leur astuce – et il leur fallait pour cela soudoyer la police locale – consistait, à un signal donné, à faire faire une descente de police sur le bateau un soir où la fête battait son plein et où il y avait beaucoup d'argent sur la table.

Quand les policiers cognaient à la porte (car c'était un bateau aménagé en habitation) et que les 'joueurs' s'égaillaient dans toutes les directions, alors l'équipage partageait avec la police l'argent resté sur place, et le *Travelling Sam* disparaissait rapidement. Naturellement, ils ne pouvaient jamais revenir dans la même ville. ALLER DE L'AVANT – telle était la devise du Travelling Sam.

Ce n'était rien d'autre qu'une cabane plantée sur un flotteur, avec une porte à chaque bout. Dans la dernière ville, quand la police fit sa terrifiante descente, un des éminents citoyens de la ville fut pris de panique, et repêché dans la rivière cinq kilomètres en aval. Ceci avait contraint l'équipage du *Travelling Sam*, tant leur frousse avait été grande, à gagner honnêtement leur vie. Ce qui, affirmaient-ils, était une façon parfaitement imbécile de s'y prendre. Cela voulait dire qu'il fallait travailler dur. Ainsi avaient-ils commencé leur vie à la Crique aux Huîtres dans une ambiance déjà maussade. Puis survint leur aventure.

Ils possédaient une chaloupe brinquebalante qui leur servait à remorquer le *Travelling Sam* de place en place. Et ils avaient décidé de courir un dernier risque, d'essayer de présenter leur jeu de poker à Bivalve, dans le New Jersey. Audacieuse résolution, car les équipages des bateaux de pêche sont de furieux bagarreurs. Pour ce voyage, le vieux Jambe-de-Bois déclara qu'il resterait à bord du bateau et ne monterait pas dans la chaloupe. Les trois autres n'avaient qu'à essayer de remorquer ce sacré rafiot. Mais la baie Delaware est tempétueuse et traître. Un coup de vent venu de la mer et qui souffle contre le rapide jusant transforme instantanément la surface en montagnes d'eau.

Le câble du *Travelling Sam* se rompit.

« V'là not' vieux Bill, dit Neunoeil, qui se met à sauter dans tous les sens comme un oiseau en cage. On n'osait pas s'approcher du bateau, il aurait fracassé notre chaloupe ! Bill aurait ben dû savoir ça ! »

Jambe-de-Bois restait muet.

« Ben… y-t'ait là-bas… » Neunoeil et les autres se donnèrent la parole tour à tour pour décrire de façon imagée comment Bill l'unijambiste sautillait d'une porte à l'autre, d'une fenêtre à l'autre, tandis que le bateau tournait comme un lent manège dans la mer démontée. Bill leur hurlait ce qu'il pensait d'eux : un tas de trouillards, en résumé. A un moment, il s'empara de son fusil et leur tira dessus. Mais cet acte inamical ne fit que les éloigner.

La nuit tomba et Bill disparut avec la marée mugissante entre le Cap May et Lewes, au Delaware où les eaux des 120 kilomètres de baie ouverte s'engouffrent par une étroite embouchure.

«Ben ça servait à rien de le suivre. »

« Et ensuite ? » demandai-je.

Jambe-de-Bois expédia un crachat sur le poêle, le regarda grésiller, puis me dévisagea. Il recommença en ajustant son tir qui atterrit directement sur la grille.

« Oui – quoi ? »

Neunoeil se mit à glousser. Puis les trois autres se renversèrent en hurlant. « Ecoute, mon vieux, si c'est pas la vérité vraie, j'avale ma godasse. V'là t-y pas que Bill revient au matin. Oui, m'sieur, aussi vrai qu'on est ici, le vieux Bill y revient. Flottant sur la marée montante aussi à l'aise que le bébé du pharaon. Pas vrai, Bill ? T'es bien revenu, non ? Et est-ce que c'est pas vrai aussi qu'on est allé te chercher ? ... Comme on serait allé récupérer un canard mort ! Raconte-lui, Bill. »

Bill me raconta. Puis lançant un regard furieux à ses équipiers, il les menaça.

« Je vais me trouver une bonne femme. Pas une femme honnête. Je vais me trouver une des pires bonnes à rien qu'il y a autour de cette baie. Et j'vais l'épouser. Bande de salauds, vous ne m'aimez pas, mais une femme comme ça – une qu'en a vu de dures – elle, elle sait reconnaître un homme bon quand elle en voit un. »

Ce concentré de philosophie fruste m'amusa fréquemment dans les années qui suivirent, particulièrement dans le Paris d'après-guerre, et très souvent pour sa vérité. Je me demandais quelquefois ce que le vieux Bill aurait pensé des années folles à Londres. Quand je pensais à lui, l'odeur humide, fétide du vieux marais salant me manquait beaucoup. Je rêvais de la simplicité, et du sentiment de sécurité qu'il engendrait, j'ignore pourquoi. Là-bas, avec un bateau, un fusil et quelques cannes à pêche, on pouvait jouir d'une vie bien plus riche que ce que je trouvais dans les villes d'Europe. Le vieux Bill menait une meilleure existence qu'il ne le savait. Moi j'avais vu assez de choses pour en être conscient. Je l'avais toujours subodoré, mais maintenant, je le savais.

Je n'étais pas le seul. Quand je revins aux Etats-Unis, quelques années après la fin de la guerre, je découvris qu'un changement spectaculaire s'était opéré dans l'échelle des valeurs. On ne méprisait plus les sports autrefois 'inutiles'. Et l'obligation de gagner de l'argent avait perdu de ses effets paralysants. Peut-être était-ce le cynisme de nos troupes, obligées d'entendre à leur retour les orateurs forts en gueule, mais plus vraisemblablement c'était les vies que les soldats avaient vues en Europe, des vies qui n'étaient pas entièrement consacrées au besoin d'argent, mais je trouvai que les hommes exsangues qui faisaient du Puritanisme une véritable profession et qui avaient auparavant dominé notre vie en nous forçant, à cause de leurs propres existences étriquées, à croire que le gain était le plus noble effort de l'homme, avaient disparu. Du moins leurs voix ne dirigeaient-elles plus la communauté.

Une boulimie de sport, grisante, envahit le pays. Des clubs de golf poussaient comme des champignons sur le périmètre de toutes nos grandes villes. Des gréements Marconi filaient sur l'eau, tels des nuées de papillons dans le détroit de Long Island. Il se produisit une véritable explosion dans la fabrication des moulinets et cannes à pêche, de vrais bijoux – certaines de ces dernières étaient cependant d'une conception atroce ! Un chauffeur de poids lourd à qui je parlai à Chicago, un Suédois qui parlait encore à peine américain, se vanta d'avoir acheté à crédit un minuscule lac de l'autre côté de la frontière du Wisconsin. « Et ce sacré lac est yuste plein de black-bass ! » Naturellement l'inévitable ne tarda pas à se produire, et nous commençâmes à devenir comme les Anglais : la voile, la chasse et même la pêche devenaient rapidement des plaisirs de riches.

A la chasse aux canards dans un gabion de l'aval de la rivière Illinois qui canalise la grande migration depuis le Canada en direction du sud (et où il y avait au moins un club de chasse dont le tarif d'admission s'élevait à mille dollars), je me plaignis au fermier du coin, dont nous avions loué le marais, qu'environ quatre intermédiaires à rémunérer, semblait-il, s'interposaient entre moi et chaque canard.

« Ben, j'vas te dire, » dit-il d'une vois traînante, en crachant du jus de tabac et en grattant son cou de poulet, « c'est comme ça, la chasse aux canards, c'est devenu un luxe ! »

Quelle ironie oui, que la chasse aux canards fût devenue un luxe juste au moment où le brouillard s'était levé de notre sens des valeurs. Chaque fois qu'une possibilité quelconque se présentait, une canaille attirée par le lucre achetait chaque mètre de pêcherie contrôlable. La chose avait paru se faire du jour au lendemain ! On pouvait à peine poser le pied sur un bout de marais qui autrefois, n'avait aucune valeur, sans pénétrer dans une propriété privée. Dans le détroit Currituck en Caroline du Nord, je découvris que les droits de chasse et de pêche tout au long du rivage avaient été rachetés, souvent par un groupement d'actionnaires. Les excellentes nouvelles lois, votées sous la présidence de Roosevelt, divisent les Etats-Unis en trois zones – le Nord, le Centre et le Sud – pour la chasse aux canards, aux bernaches et aux oies ; et au début il n'était possible de chasser qu'un seul mois dans l'une ou l'autre zone. Cela donnait une chance aux oiseaux de s'en sortir. De plus, il était interdit de tirer avant une heure après le lever du soleil ou après une heure avant son coucher, ce qui interdisait les massacres lors des vols d'oiseaux à l'aube et au crépuscule. La construction d'un affût n'était plus permise à plus d'une certaine distance, de quelques mètres, du rivage ; et les appeaux vivants n'étaient plus autorisés. On ne pouvait conserver que dix canards et quatre oies par jour.

Tout cela est presque trop beau pour être vrai ; mais il y a le revers de la médaille. A la chasse à Currituck un jour tellement venté que seuls les pilets volaient, j'atteignis mon quota avant dix heures du matin. Les oies ne s'approchaient pas, mais descendaient le long de la lointaine bande de terre entre le détroit et l'océan Atlantique. Elles passaient très haut et leurs cris ne nous parvenaient que faiblement. « A-ouk ! A-ouk ! »

De temps à autre, je visais un canard qui passait à toute allure, simplement pour m'exercer jusqu'à ce que le local qui m'accompagnait dans le bateau posé à l'abri de l'affût en roseaux, ne puisse plus y tenir.

« Tirez-les ! s'écria-t-il, tirez-les ! Ils ne sont pas tous à Andy Mellon, ces sacrés canards ! »

Andrew Mellon présidait l'important club de chasse qui venait d'acquérir une vaste étendue du marais à cet endroit et aussi, je crois, dans le détroit d'Albemarle. Les locaux, en Caroline, l'avaient en horreur pour cela.

« Eh bien, répondis-je, est-ce que vous, vous tirez plus que votre limite ? »
Il me fit un clin d'œil vulgaire – il était de mère Indienne – et montra du doigt une colonne de cygnes blancs qui passaient innocemment au-dessus de nos têtes. « Tout.» dit-il catégoriquement. « Déjà mangé du cygne ? Monsieur, nous tirons tout ce que nous pouvons avoir, ça oui, et nous les tuons à la lampe la nuit ! »

C'était chez lui de la malveillance. Maintenant que la chasse aux canards était devenue très prisée, et que les riches achetaient tous les droits, ces locaux se sentaient floués. Ils tiraient donc tout et n'importe quoi, juste pour montrer qu'ils n'entendaient pas se faire arnaquer. C'était une situation regrettable aussi bien pour les canards et les poissons que les vrais passionnés de ces sports. Je parle de ce problème ici, dans le chapitre consacré aux Etats-Unis, car dans sa sagesse, l'administration Roosevelt, va faire revenir les canards aux Etats-Unis et au Canada de sorte que les grandes migrations d'automne vont de nouveau assombrir le ciel. On estime aujourd'hui que le gibier d'eau apte à se reproduire atteint une population quatre fois plus importante que ce qu'elle était en 1932, à son point le plus bas. Comme l'abondance de canards a augmenté, les règlements draconiens ont été assouplis. On protège aussi sévèrement les poissons, les black-bass, truites et saumons, et on facilite leur reproduction. Le reboisement leur rendra leurs eaux natales. Et dans ce grand élan, au niveau national et local, l'idéal démocratique de la pêche et de la chasse libres et gratuites pour tous ceux qui aiment ces sports gagne rapidement du terrain. S'il aboutit, et avec notre nouveau système de valeurs, il se peut que les Etats-Unis redeviennent un paradis sportif. Ce n'est pas impossible.

On ne pouvait conserver que dix canards et quatre oies par jour

II

La révolution russe – et la perche jaune de Leonid Andriev. Exil volontaire en Colombie britannique. La maison solitaire sur l'eau. Survie avec canne à pêche et fusil.

J'ai vu une fois la pêche adoucir la peine d'un homme très intelligent. Il s'agissait de Leonid Andriev, l'écrivain russe. C'était au printemps 1917, après la révolution de Kerenski, sur le Golfe de Finlande. Quelques communistes finlandais, coiffés de leurs chapeaux plats noirs, assis en cercle dans les pinèdes derrière nous, palabraient toujours sur notre sort : allaient-ils ou non nous exécuter ? C'est dans ces conditions que je lus Le Rire Rouge d'Andriev – et compris chaque mot. Je pêchais à ses côtés à l'embouchure de la Chorney Retchka, la Rivière Noire. Il était difficile de se procurer de la nourriture, le pain blanc se faisait aussi rare que du gâteau et la viande était presque impossible à dénicher. Mais il y avait des poissons.

Dans ce golfe étincelant aux eaux peu profondes, où l'on pouvait s'avancer sur des centaines de mètres, je pris un petit poisson, semblable à l'épinoche, que nous fîmes cuire avec une espèce d'aspic. Je posai des lignes de fond pour en prendre la nuit. Mais il en fallait environ une centaine pour faire un repas pour tous ceux d'entre nous qui vivions dans cette datcha en bois. On me pria d'un ton moqueur de mettre mes compétences à l'épreuve.

Et c'est ainsi que je fis la connaissance d'Andriev, assis l'air maussade dans son embarcation, accompagné d'un Finlandais docile, pendant que les canons tonnaient de l'autre côté à Cronstadt, car une lutte interne, non résolue, se décidait là-bas. Andriev regarda dans leur direction de l'autre côté du golfe et secoua la tête. « Quelqu'un a laissé sortir les moutons de la bergerie, me dit-il, mais qui les y remettra jamais ? »

Puis il fixa son flotteur d'un œil morose. En quelques secondes, les rides de son front disparurent. Je l'observais, jour après jour, alors que nous savions que tous les biens matériels que nous possédions nous étaient confisqués. A vrai dire, il ne nous resterait peut-être très bientôt que cette pêche… Et alors, un jour il poussa un cri, un véritable hurlement ; il s'était levé d'un bond dans son bateau et faisait de grands signes. Je m'approchai à la rame.

Andriev avait attrapé une perche jaune de deux livres.

C'est presque incroyable, mais il semble qu'on la trouve dans le monde entier, tout comme cet oiseau qui a vu bien des pays, la petite sterne. De même, je pris quelques brochets, dont un de dix livres, en les pêchant au lancer entre les îles derrière Stockholm. Et en Egypte, derrière la digue d'Alexandrie, je pêchai à la traîne, à l'aide de plumes blanches de poulet lestées d'un morceau de laiton, pour prendre le maquereau omniprésent.

Mais ce furent mes seules parties de pêche jusqu'à la fin de la guerre mondiale.

En 1921, la malchance, par bonheur, me fit quitter Chicago pour vivre dans la forêt canadienne. Je choisis un lac aux rives presque inhabitées au cœur de l'île de Vancouver. Et là-bas, pendant deux ans, je ne démontai pratiquement jamais mes cannes. Elles servaient constamment.

Mais je n'avais pas le choix, car je venais de me marier, et j'étais fauché. Il nous fallait toute la nourriture que nous pouvions obtenir. Pendant de nombreux mois de l'année, la truite était notre nourriture de base et je ne me souviens pas de m'être jamais senti fatigué, ni de les attraper, ni de les manger.

Alors que je transportais nos affaires du magasin en bardeaux jusqu'au pool de la rivière, je fus saisi à la vue d'une vingtaine de saumons qui remontaient le courant. J'avais du mal à croire que j'étais arrivé dans un tel paradis. Mais c'était faux car, en me tenant au bout de la jetée en planches pour les observer, je vis qu'ils étaient tous en piteux état à l'approche de la fraie. Chose encore plus lamentable, ils étaient couverts de plaques blanchâtres. Un saumon chum passa, les yeux rouges et l'air renfrogné, les mâchoires croisées comme celles d'un bec-scie. C'est alors que j'appris que tous les saumons du Pacifique ne fraient qu'une fois, puis meurent. Les centaines, les milliers de saumons que je vis remonter cette semaine-là et les suivantes, semblables à une armée rouge, étaient revenus littéralement pour mourir. Ils luttaient pour progresser vers l'amont de la rivière, puis traversaient le lac long de trente kilomètres afin de gagner le même ruisseau, la même frayère peut-être que celle où ils étaient nés soit deux, soit quatre ans plus tôt.

Une fois que vous aurez assisté à ce drame sur le versant du Pacifique, vous ne l'oublierez jamais. Ces poissons épuisés, condamnés, hanteront votre mémoire. Vous ne pourrez jamais accepter toute cette mystérieuse déraison. Quelle loi de la nature a décrété que des millions et des millions de ces superbes poissons devraient mourir tous les ans en tombant en pourriture ? Quand les cours d'eau baissent et que le niveau du lac diminue à l'automne, juste avant la saison des pluies, les cadavres putréfiés de ces poissons gisent sur les berges, ou restent accrochés dans les buissons, et l'air empeste. Cela aussi, vous ne l'oublierez jamais. Et vous ne le voudrez pas, car cette puanteur aigre-douce rappelle l'étendue de ces grandes forêts primitives, l'eau si claire que vous avez parfois l'impression de flotter en l'air dans votre barque, et bien sûr le sentiment d'être présent à la création du monde. C'est toujours ce qu'on ressent dans les régions reculées de Colombie britannique.

Je m'installai, et observant les cannes, la carabine et le fusil – ainsi qu'une machine à écrire bien fatiguée – je savais que ces objets devraient prendre une part considérable pour nous aider à survivre, mon épouse et moi. Il ne fallait pas qu'ils nous lâchent. Car je n'avais jamais été aussi fauché de toute ma vie. Si cannes et fusils ne fournissaient pas suffisamment de nourriture 'gratuite', et si la machine à écrire ne produisait pas de nouvelles rémunératrices, alors nous serions dans l'obligation de quitter ce pays. Mais après l'avoir vu, et nous être installés pour le premier hiver dans une cabane en rondins sur le rivage, nous décidâmes que c'était précisément la chose que jamais nous ne ferions. Et je ne m'étais jamais de ma vie senti aussi en sécurité, ce qui n'est pas étrange du tout, à la réflexion. Ma vie était entre mes mains. J'étais maître chez moi.

Le lac présentait un resserrement dans sa partie médiane, où une avancée de terre recouverte de pins qui prolongeait la montagne de granite dénudée s'avançait pour former un goulet. Personne n'habitait sur les quinze kilomètres de la partie supérieure, à part les ouvriers d'un camp de bûcherons tout au bout, qui s'employaient alors à raser sans merci l'un des plus magnifiques bosquets de cèdres restés intacts. De notre côté du lac, les trente kilomètres de rivage n'abritaient que trois résidents : un chasseur professionnel de couguar – et producteur de whisky de contrebande – près de la passerelle branlante à l'aval, où le lac commençait à se déverser dans un torrent d'eaux blanches et vives qui s'écoulaient à toute allure des montagnes sur une cinquantaine de kilomètres jusqu'à la mer ; et un vieux docteur irlandais et sa femme qui quittaient le lac en hiver. Sur ce rivage vivait également un Anglais nomade, garde-chasse honoraire, qui amarrait son minuscule bateau aménagé en habitation là où la fantaisie le prenait. Et c'est là que moi aussi, en me procurant l'une de ces cabanes en planches naturelles montée sur un radeau de cèdre, j'entamai une vie nomade qui dura deux ans.

Il y avait une colonie de 'marins d'eau douce', quatre ou cinq en tout, qui mouillaient leurs bateaux dans le pool de la rivière au-dessous du promontoire où se tenait l'unique magasin à cette extrémité du lac. En le remontant de ce côté, on ne rencontrait personne avant de tomber sur le surprenant 'schloss' (1) peint en rouge, construit par un Allemand qui s'y était retiré ; puis venait le bateau aménagé de Louis, le trappeur. Ensuite, après quelques autres kilomètres, on parvenait à une superbe maison de style ranch, couverte de bardeaux, construite par un aristocrate anglais. Puis au-delà d'une terre en friche hibernait un ermite écossais et plus d'un kilomètre à l'amont on trouvait la vieille cabane en rondins du premier colon. Ensuite, rien sur quinze kilomètres avant d'atteindre le camp grossier des bûcherons. Ce n'était pas un lieu surpeuplé.

Parmi ces bûcherons de toutes origines, il y avait des Scandinaves, des Anglais bons à rien qui vivaient aux crochets de leurs familles, des Américains et même des Sikhs. Chose incroyable, il y avait peu de Canadiens parmi eux. Ils étaient sans moralité quand il s'agissait des poissons. Les poissons n'étaient que des poissons, peu importait la manière de les attraper. Leur approche la plus sportive consistait à pêcher en utilisant comme appât des œufs de saumon en conserve – alors illégaux – qu'ils présentaient au-dessus des pelures de pommes de terre jetées par-dessus bord par les larbins de la cuisine. La raison en était que les pelures permettaient de voir les truites : assis sur le bord du radeau sur lequel reposait la cuisine, on pouvait apercevoir ces pelures sur le fond, car elles tombaient presque toujours en montrant leur côté blanc – et les truites qui s'approchaient de l'hameçon. Leurs dos d'un vert sombre, quasiment invisibles sur la mousse verte du fond, traversaient ces lanières blanches avec une intention presque meurtrière. C'était ainsi qu'elles nous apparaissaient toujours, car ces truites superbes, à petite tête et aux flancs épais, étaient en parfaite condition.

La plupart étaient des truites arc-en-ciel, mais il y avait également les fameuses cutthroat avec leur tache rouge près des ouïes sur lesquelles on pouvait toujours compter. Les arc-en-ciel, à la chair rose superbe, disparaissaient lorsque le lac se réchauffait trop en été ainsi que pendant les mois d'hiver. Présents aussi les Dolly Varden, ces ombles aux belles couleurs magnifiquement mouchetés – mais visqueux. On ne prenait ces derniers qu'en pêchant à fond. J'avais passé une année sur le lac avant de savoir qu'ils étaient là ! Je connaissais deux Suédois qui, en coulant sur le fond un sac à sel rempli d'œufs de saumon écrasés, prirent en un jour 75 poissons, toutes espèces confondues, qui avaient été attirés par la ternissure bleue huileuse provoquée par ces œufs. Comportement assassin, car le bûcheron de Colombie britannique ne veut manger ni truite, ni saumon. Il exige ses œufs au bacon, et des montagnes de crêpes. Ou du steak.

Je me sentais miséreux après un ou deux repas dans le vaste camp de bûcherons, à l'hospitalité irrésistible. Et quand je m'ennuyais un peu de mon bout de lac, je me rendais dans la partie supérieure pour y chasser le canard ou pêcher la truite, ou les deux, et eux insistaient toujours : « Fais une halte et viens manger, monsieur ! » Ce que je ne manquais jamais de faire. Ils ne méprisaient pas la mouche, ni la cuiller – ils en savaient trop – mais ils tenaient à apporter des améliorations. Dont 'l'éclair'.

C'est un petit moule à tarte ordinaire en fer-blanc de faible épaisseur, et poli pour lui donner le brillant nécessaire, fixé à la ligne une dizaine de mètres à l'avant de la cuiller. Vous pêchez à la traîne en ramant sur cinq ou six kilomètres, voire quinze kilomètres, jusqu'au magasin. Cela vous donne matière à réflexion. « C'est une sorte de publicité pour les poissons, mon pote ! » déclara un bûcheron. « Tu vois, dans la chaleur de l'été, ces sacrées truites ici, elles descendent au fond – au frais. Rien ne les fera monter. Elles ne regardent même pas un œuf de saumon quand elles se tiennent là, elles sont tellement fainéantes… mais prends un 'éclair', camarade ! Oui, m'sieur, ça, ça les fait mordre ! »

Ce qui se passe, c'est qu'une truite qui se tient sur le fond monte examiner cet objet qui lance des éclairs dans l'eau au-dessus d'elle. Elle voit 'l'éclair' et s'en détourne sans doute – mais presque immédiatement après aperçoit la cuiller qui s'approche d'elle, brillante comme un petit poisson vivant avec sa rangée attrayante de perles de corail.

« Ouais ! – quand elle voit ça – elle est cuite ! Je pense que c'est le rouge des perles qui les attire. Ou bien le rouge sous la cuiller, ça les met en colère peut-être. Mais elles l'attaquent. D'abord, bien sûr, il faut les attirer, tu piges ? C'est là qu'intervient notre petit 'éclair'. Mon pote, 'l'éclair', c'est meurtrier ! »

Je n'ai jamais eu recours à 'l'éclair' (bien que, je l'avoue, quand la faim me tenaillait, j'en ai eu envie). Mais de temps à autre, j'accostais au radeau en rondins de 'Push', le contremaître du camp, avec deux ou trois truites allongées sur le fond de mon embarcation et même lui admettait qu'elles n'étaient pas tout à fait sans mérite.

De l'autre côté du lac, où la rive s'étendait vide de toute habitation et où un troupeau d'élans broutait le sous-bois, coulait un des plus magnifiques ruisseaux à truites arc-en-ciel sur toute la côte du Pacifique. Je les ai vues à son embouchure, en bordure de l'énorme éboulement de rochers granitiques emportés par des siècles de crues printanières, aussi serrées que des maquereaux sur l'étal de marbre d'une poissonnerie. Des truites énormes, avec une six livres pas rare du tout parmi elles. C'était un spectacle à vous rendre fou, car si la brise n'était pas parfaite en soufflant doucement vers l'embouchure du ruisseau, elles refusaient de regarder une mouche.

J'ai campé dans une tente à deux places pendant quatre jours parmi les gros rochers gris de son embouchure en éventail, avec pour seule récompense les bruissements des cerfs, des ours ou des élans dans les bois la nuit, ou le cri d'enfant du couguar, sans jamais faire bouger un poisson. Mais quand la brise se mettait à souffler, j'ai eu des résultats tels que je n'en ai jamais vus nulle part avant ou depuis – sauf dans le sud du Chili.

C'est à l'embouchure de ce ruisseau en Colombie britannique que j'appris quelle extraordinaire différence il peut y avoir, pour certaines truites, entre une Jock Scott et une Silver Doctor. À notre œil, elles se ressemblent beaucoup, et leur taille n'entrait pas en ligne de compte parce que j'avais plusieurs Jock Scott du même numéro que la Silver Doctor que je perdis. Avec cette dernière, j'avais déjà mis au sec trois superbes arc-en-ciel, la plus grosse frisant les quatre livres, quand une grosse brute de quelque six livres fonça directement sous la racine immergée d'un arbre qui avait été arraché et emporté par les crues printanières. Dans cette eau claire, d'un vert pomme, je pouvais la suivre des yeux. Mais avec ma canne légère (c'était la vieille Abbey & Imbrie), je ne pus l'arrêter et le bas de ligne cassa. Elle fit une chandelle et disparut.

Après quoi, cette même matinée, il me fut impossible de faire monter un autre poisson. J'avais fixé la Jock Scott que j'estimais être la plus proche du modèle précédent et tenté des douzaines de grosses arc-en-ciel que je voyais en bordure du profond éboulement oblique de rochers gris qui plongeaient dans l'eau verte. Quelque raison les poussait-elles à rester inactives ? Jusqu'à aujourd'hui, c'est ce que j'aurais pensé, n'eut été l'arrivée inopinée d'une chaloupe qui remonta le lac environ deux heures après le début de ma séance de pêche. A bord se trouvait l'amiral britannique qui commandait la garnison de Chine et qui, en escale à Victoria, était venu au lac pour y pêcher dans ce fameux ruisseau à truites arc-en-ciel. Un trappeur de martres lui avait servi de guide. I l me demanda ce que j'utilisais comme mouche et je lui dis que j'avais réussi avec une Silver Doctor. Il en attacha une, et après quelques lancers, ferra un gros poisson. Moi, j'essayai toutes les mouches de mon portefeuille avant de m'en aller, dégoûté. Je l'avais vu pendant ce temps attraper quatre ou cinq gros poissons. Il était concentré et ne me vit pas partir à la rame. La fièvre de ses lancers experts l'accaparait trop pour que je l'interrompe et emprunte une Silver Doctor.

J'aurais d'autres journées.

A une courte marche à travers bois du bungalow en rondins où j'habitais ce premier hiver, se trouvait une petite baie abritée. Et il restait encore assez de temps cet automne-là pour que j'y prenne quelques très belles truites. Aux Etats-Unis, dans les monts Alleghanys (2) j'avais toujours trouvé que la pêche était la plus productive au coup du soir. Il se produisait alors une émergence d'insectes et les truites gobaient partout sur le parcours que je connaissais le mieux. Je pêchais jusqu'à la tombée de la nuit, parfois bien plus longtemps. Il n'était donc pas anormal, lors de ce premier automne en Colombie britannique, que je ne pêche guère avant la fin du jour pour prendre des truites. Il me fallut du temps cependant pour comprendre la psychologie et les habitudes des truites là-bas… Mais cela me donna de merveilleuses soirées !

Un rideau de roseaux raides se dressait le long d'une rive, la rive axée vers l'ouest. En me tenant à quelque distance sur le bateau, je prenais beaucoup de plaisir à lancer délicatement en bordure des roseaux. Il y avait parfois trop peu de vent, il tombait en effet souvent au crépuscule, mais cela ne faisait que renforcer ma satisfaction à leurrer une truite. Je parvenais d'ordinaire à en prendre une ou deux pour le dîner. C'était toujours une vraie bagarre si elles se dirigeaient vers les roseaux. Ce souvenir me fait sourire aujourd'hui, car pas une seule fois je ne pensai à pêcher plus en retrait, dans l'évasement de cette petite baie. Au printemps suivant, je trouvai l'endroit plein de truites !

Mais lors de ces soirées j'étais généralement fasciné par les couleurs changeantes du lac vers l'amont. Il paraissait se confondre avec le soleil, et former un large sentier d'eaux luisantes aux reflets dorés. Les rives se perdaient dans une brume d'un bleu pastel. A l'extrémité du lac, les montagnes se poudraient de rose et de lavande, aussi nébuleuses que des nuages de poussière. J'étais toujours surpris par cet émerveillement, j'étais littéralement envoûté. Et alors quand une truite sautait hors de l'eau, entre moi et le soleil, les gouttes qui retombaient étaient des gouttes d'or.

Avec autant de truites à notre portée, nous étions prodigues en cuisine. Notre recette favorite, avec les poissons d'environ deux livres, était de lever des filets que nous faisions frire avec des croûtons de pain. Mon épouse, qui prépare une superbe sauce mayonnaise bien ferme, soutenait que je mangeais toujours le poisson à cause de la mayonnaise, ce qui était vrai. Ce qui est toujours vrai, même ici à Londres, pour la truite saumonée, à la sauce verte, ou pour le saumon à la sauce tartare. Nous étions peut-être sans le sou et menions une existence primitive tous les deux dans notre cabane en rondins en Colombie britannique, mais nous mangions des filets de truite arc-en-ciel à la sauce mayonnaise au moins une fois par semaine, les jours où les truites étaient actives.

Je regrette que vous n'ayez pu voir l'effet produit sur Swanson, l'imposant bûcheron suédois. « Yénéralement, » disait-il en avalant d'un coup presque un filet entier, « ye ne mange pas les truites, ye les prends yuste. Yuste un autre petit morceau, merci ! »

Une autre recette avec, disons, une truite de deux livres et demie, consistait à la farcir de croûtons, d'herbes aromatiques, d'un œuf et de beurre, et après avoir recousu le poisson à l'aide d'un bout de vieille ligne, à la faire cuire au four dans du beurre. Une fois prête, on coupait la ligne, la peau croustillante se détachait de la chair rose et l'on avait un des poissons les plus délicieusement assaisonnés au monde.

Nous les faisions simplement frire pour des repas rapides comme le petit déjeuner. Et il y avait de longues périodes, en début de saison, où j'adorais me rassasier au petit déjeuner de poisson froid que nous avions fait bouillir la veille. D'une certaine façon, je pense que cette recette simple était la meilleure de toutes, avec du sel pour tout assaisonnement.

C'était toujours une vraie bagarre si elles se dirigeaient vers les roseaux

On ne se fatiguait jamais de cette chair ferme et rose.

Le vieil Allemand qui vivait sur le rivage opposé connut une expérience amère avec son premier saumon bécard. Il en trouva deux, en parfaite condition – pensait-il – morts sur la berge. Il les offrit en cadeau au vieux Louis, le trappeur franco-canadien. C'était à la veille de la dernière guerre, et le vieux Louis, outre sa surdité et son illettrisme, haïssait les Allemands. Il n'aimait pas son voisin, bien qu'il ne l'eût jamais dit. Ce jour-là, à sa stupéfaction, le vieux Louis vit l'Allemand descendre le sentier riverain qui conduisait à son habitation sur l'eau, portant deux bécards morts et bons à jeter. Et l'Allemand lui en tendit un ! Le vieux Louis prit le saumon par la queue, fit un tour complet sur lui-même et assomma l'Allemand avec. C'était un coho de dix livres.

Un mystère entourait ce pauvre Allemand, ce qui, semblait-il, lui donnait une satisfaction secrète et pourtant rendait inopportun tout retour dans son pays. On savait seulement une chose avec certitude : il avait été officier dans un régiment de l'armée régulière allemande, longtemps avant la dernière guerre, en Afrique orientale. Le château de style bavarois qu'il avait construit dans les bois de Colombie britannique était rempli des têtes de gibier africain. Il avait une histoire à raconter, la plupart du temps intéressante, à propos de chacune d'elles. C'était un gentleman. Il se faisait envoyer de l'argent depuis l'Allemagne, assez avant la guerre pour assurer sa richesse sur ce lac. Mais quand le mark s'effondra, il devint indigent. Il n'avait rien d'autre que ses carabines et son fusil, pour lesquels il ne pouvait plus s'acheter de munitions, et une épouse. De façon détournée, principalement en faisant des travaux de couture pour les femmes des autres colons, elle assurait la survie du couple. Et c'est elle qui avec des cris de joie, accepta un saumon de ma part.

Sa gratitude me fit me sentir minable. Ce saumon n'était pas trop avancé pour le consommer. Mais j'en avais déjà mangé un autre pris en même temps qui semblait à peu près dans le même état. Je mangeai celui-là plus par fierté que pour une autre raison, car c'était le premier que j'avais attrapé en Colombie britannique. J'en avais observé une douzaine environ dans le pool, à l'embouchure du lac, alors que j'attendais mon courrier hebdomadaire. Il y en avait plusieurs sans balafres, ce qui leur donnait une certaine apparence de fraîcheur. Alors je m'emparai de la petite canne à lancer avec laquelle j'avais pêché à la traîne en faisant évoluer une cuiller dans le lac dans l'espoir de prendre une truite cutthroat, et fixai un devon en laiton au corps arrondi. On dit qu'un saumon là-bas ne s'alimente jamais quand il remonte les rivières d'eaux vives jusqu'aux frayères. Peut-être. Je lançai et relançai au milieu de ces saumons qui se reposaient temporairement dans la fosse. J'admets qu'ils ne regardèrent pas le devon. Puis un poisson se retourna et referma la gueule dessus comme un chien. Il faisait dix livres et lutta vaillamment en fonçant aussitôt dans l'eau blanche. Tandis que je le décrochai, sa chair semblait ferme, et il n'était pas désagréable au palais, bien que sa chair eût déjà commencé à perdre sa couleur rose car la graisse en était ponctionnée en vue de la reproduction. Je crois qu'il avait attaqué mon devon tout simplement par rage.

Mais dans l'espoir d'attraper une truite, qui serait infiniment meilleure sur la table, je déposai le saumon à ma cabane au passage et remontai le lac jusqu'à l'autre côté où se trouvait un petit lac adjacent dan lequel s'écoulait une rivière. Là je passai plusieurs fois à la traîne à l'embouchure, environ une heure avant le coucher du soleil. Ce lieu était lugubre et n'offrait pas un ample panorama de crépuscule coloré, seulement une muraille sombre et humide de silencieuse forêt verte. Personne n'approchait de ce petit lac, mais on commença à y abattre les arbres l'année où je quittai le grand lac.

L'arrêt fut si brutal que je pensai que ma cuiller avait dû s'accrocher dans l'un des arbres immergés dont le fond du lac se hérissait. Leurs branches squelettiques qui sortaient de l'eau renforçaient la mélancolie de ce lieu retiré. Mais quand je saisis la canne, je sus que je tenais un poisson, et si j'eus un doute, il fut dissipé quand le moulinet fit entendre son hurlement palpitant. C'était un saumon de douze livres et demie. Il sauta une fois, puis je ne le revis plus pendant une demi-heure avant de le mettre au sec. Je sais le temps qu'il me fallut car je jetai un coup d'œil rapide à ma montre pour voir combien de temps il me restait avant la tombée de la nuit. En effet, il me fallait ramer sur près de huit kilomètres pour rentrer. Et bien que le vent tombât souvent au coucher du soleil, il forcissait tout aussi souvent en tempête quand le soir tombait. Le saumon se contenta de sonder, se dirigeant tout droit vers le fond, puis pendant la demi-heure suivante, il essaya de se débarrasser de l'hameçon en le frottant contre toutes les souches immergées. Pour moi, ce furent trente minutes éprouvantes. Je ne sais lequel de nous était le plus fatigué quand je le mis dans le bateau ; mon anxiété m'avait fait perdre beaucoup d'endurance.

Quand je le vis cependant, ses mâchoires recourbées semblèrent me mettre au défi de le manger. Alors je me rappelai les Allemands, qui avaient faim aussi. Mon chemin passait assez près de chez eux. Et alors que le soleil disparaissait, j'arrivai en face de leur clairière. La femme, qui m'avait vu redescendre sur le lac, se tenait sur leur radeau. A cette époque de l'année, j'emmenais toujours un fusil au cas où je pourrais tirer un canard qui n'avait pas trop goût de poisson – car même les magnifiques colverts se nourrissent des saumons morts, en Colombie britannique ! – et si j'avais eu de la chance, je la partageais avec ces Allemands. Cela me fournissait une excuse pour en tirer autant ! Son visage s'assombrit quand elle vit le saumon, puis s'éclaira :

« Ach so ! Je vais le bouillir ! »

Je pensai qu'elle avait alors l'intention de le manger, mais non, pas cette prudente ménagère. Elle fit bouillir ce poisson, ainsi qu'un ou deux autres saumons encore passables que je lui donnai, et les conserva dans la saumure, dans des pots à confitures, pour avoir de quoi se sustenter pendant l'hiver proche.

Quand vous avez vu des poissons prendre une telle valeur, ils acquièrent un sens supplémentaire. Maintes fois au bord d'une rivière anglaise, me demandant combien j'en rapporterais à la fin de la journée (pour être exposés sur un plateau ou sur le sol de l'hôtel de pêche du coin), j'ai pensé à ces poissons de Colombie britannique, étendus au fond de mon bateau, et au sentiment de profonde satisfaction que leur vue me procurait toujours. Car ils étaient le symbole d'une journée bien gagnée, tant pour le sport que pour l'assiette.

Plus tard, quand le vent se mit à hurler autour de cette construction dans laquelle nous vivions, et que les chutes de neige hivernale firent leur apparition, même si elles n'étaient pas abondantes, réchauffés que nous étions par le courant japonais, je ressentis un léger frisson d'appréhension à la vue de mes cannes remisées. C'était comme si on m'avait volé mes béquilles – et on m'a fait cette plaisanterie – alors que j'essayais de marcher à nouveau. Un accessoire manquait. Il y a plus de vérité dans cette phrase qu'elle ne l'indique, car avec beaucoup d'os en moins dans la jambe – un héritage de la dernière guerre – je ne pouvais pas pénétrer bien loin dans ces forêts à la recherche de gibier. Les arbres abattus les uns sur les autres avaient transformé la forêt en gigantesque jeu de jonchets. Un matin, de bonne heure en ouvrant ma porte, j'avais tiré un tétras du Canada qui monta en chandelle et retomba à cinquante mètres seulement dans les bois. Il me fallut au moins une demi-heure pour parvenir là où je pensais qu'il était tombé. Même ma chatte, Moze, que j'essayais de dresser comme retriever, fut incapable de le trouver. Mais plusieurs fois au printemps, je dus éloigner de jeunes tétras hors de sa portée.

L'approvisionnement en poisson frais lui manquait naturellement, plus qu'à nous. Nous l'avions élevée, alors qu'elle n'était qu'une boule de duvet gris, si petite qu'elle tremblait pour se tenir debout et laper du lait au bout de mon doigt. Elle avait un remarquable cerveau et nous pouvions presque communiquer. Voulant voler avant d'avoir des ailes, elle savait ce que cela signifiait quand je tirais l'embarcation sur le rivage : Poisson !

Elle s'insinuait dans mes bonnes grâces en se frottant contre mes jambes, et ronronnait tandis que je vidais les poissons ramenés à la maison, dans l'attente des entrailles et des têtes succulentes. Pour une chatte, elle menait une vie d'épicurienne. Les canards qui sentaient le poisson étaient son foie gras.

C'est délibérément que j'ai, employé le mot 'construction' pour faire allusion à l'endroit remarquable où nous vivions. Car on ne pouvait l'appeler ni bungalow ni cabane, et pourtant elle était faite de rondins naturels écorcés. Elle avait été conçue par un médecin colonel de l'armée des Indes qui avait passé plus de trente ans en Inde, les vingt derniers à Ladakh. C'était un ermite congénital, qui recherchait le sanctuaire de la solitude et vivait principalement de haricots en poudre. Pourtant, la soixantaine largement dépassée, cet homme pouvait encore porter une tête d'élan sur le dos et perdre du poids sur les sentiers de montagne. Il était beaucoup plus âgé maintenant, et quand il nous laissa habiter dans sa cabane, je fus choqué de voir trois splendides cannes Hardy posées en travers de cintres ordinaires, leurs scions courbés comme de vieux fouets de cochers.

Le défaut de conception de cette maison, malheureux, mais imprévu, c'était son absence d'isolation. Elle était agencée autour d'une vaste et haute pièce centrale. C'est parfait en Inde, mais l'hiver en Colombie britannique, nous étions assis, le visage rôti par la chaleur d'un feu de bois tandis que la glace se formait pratiquement sur notre dos. Seule une moitié de nous avait chaud à un moment donné. Cela nous rendit robustes, et ironiquement, accrut notre appétit, de sorte que les factures de la Compagnie de la Baie d'Hudson et du magasin au bout du lac entamèrent sérieusement notre petit capital pendant ces trois mois d'hiver. Quand la saison de chasse au cerf prit fin et que les migrations de canards vers le sud ne furent plus qu'un souvenir, seul un petit morillon occasionnel (tiré davantage à titre d'essai que pour une autre raison) parvenait gratuitement dans notre garde-manger. (3)

Portant de vieux gants en daim, et barbouillé de sang, je clouai des canards aux arbres dans les bois derrière notre cabane, tendis deux pièges d'acier et pris deux ratons laveurs. Mais d'abord, je dois dire à regret que je pris deux chats 'sauvages', peut-être apparentés à Moze. L'un d'eux était certainement le père de sa nichée de quatre chatons l'été suivant. Ce fut une pénible affaire de les assommer avec un bâton, de saisir le piège pour en détendre le ressort, puis de lancer le chat au loin avant qu'il ne reprenne suffisamment ses esprits pour me mordre ou me griffer. Je faillis renoncer au piégeage du raton laveur. Puis un matin, assis au soleil, j'aperçus le domino des taches sur la face d'un raton laveur qui me dévisageait. Cela ne me plaisait pas beaucoup non plus. Mais le piégeage, c'est le piégeage, et ces deux épaisses fourrures avec leurs queues magnifiques firent un tour du cou que ma femme porta même à Londres des années plus tard.

Ces deux fourrures me valurent une histoire avec le garde-chasse anglais 'honoraire'. Il ne m'aimait pas, et je ne lui en veux pas. Il savait que j'avais tué un cerf au clair de lune, la nuit qui précédait l'ouverture de la chasse. Il ne pouvait pas m'épingler parce que, quand on l'invita à manger du foie de cerf le lendemain – avec des baies de salal à la saveur forte et épicée – la saison était ouverte. Il ne pouvait pas prouver à quelle heure précise ce cerf était tombé dans la clairière. (Cette nuit-là faisait penser à une tapisserie : le cerf se nourrissant dans la clairière argentée !) Lui-même s'acquittait si bien de son travail et avait mené une belle vie là-bas grâce en grande partie à sa force de caractère, qu'il n'acceptait pas aisément l'arrivée d'un inconnu qui essayait plus ou moins d'adopter la même démarche. Il m'aurait mieux apprécié si j'avais été plus désarmé. Mais il se trouve que je n'étais pas dans cet état d'esprit. J'étais grossièrement indépendant ; et quand les deux ratons laveurs furent piégés, je les dépouillai aussi habilement, je pense, que n'importe qui d'autre dans ce coin.

Ce n'est pas de la vantardise. Pendant des années, dans ma jeunesse, j'avais piégé des rats musqués pour gagner mon argent de poche, à vingt-cinq cents la peau non apprêtée. Je savais comment commencer par une patte postérieure (maintenant j'utilisais une vieille lame de rasoir) et ensuite découper un demi-cercle en remontant sur cette patte, autour des pattes et en descendant le long de l'autre patte, puis soigneusement déshabiller le raton laveur. Je coupai, en fait décollai tous les tissus (un couteau trop aiguisé aurait entaillé la peau) jusqu'à n'avoir en main rien d'autre que la peau retournée. Après avoir fabriqué deux 'étaleuses' en cèdre, tels que celles qu'on emploie pour sécher les longs gants de chevreau blanc démodés, je tendis alors la peau doucement – en l'enduisant de sel que je fis pénétrer. Le salage est efficace et empêche ensuite les poils de tomber (au Kenya, nous avions utilisé des livres et des livres de sel pour imperméabiliser la peau d'un grand lion que j'avais tué). Puis, quand la graisse eut commencé à durcir sur la peau, je passai plusieurs jours à l'ôter avec soin – ou à la frotter à l'aide d'une pierre. Quand les fourrures furent sèches et raides, sans graisse odorante ou pourrissante, je demandai alors au garde-chasse où les envoyer pour les faire tanner à Victoria.

« Mais il faut un permis pour piéger ! » suffoqua-t-il. Après avoir ensuite examiné avec curiosité les étaleuses de cèdre et les peaux propres : « C'est vous qui avez fait ça ? »

A contrecoeur, mais généreusement, car il aurait pu m'arrêter, il me fournit l'adresse d'un tanneur à Vancouver. « Mais, dit-il, rendez-moi service, cessez de piéger. » Je lui dis que je ne le ferais plus et je tins parole.

Je fus assez occupé ce premier hiver à scier et à fendre du bois de chauffage. Cela me prenait au moins un jour entier par semaine.

Puis on commença à m'acheter des articles à New York. Mais les rédacteurs en chef me retournaient mes premières nouvelles aussi sûrement que si j'avais joué au tennis contre eux. J'amassais une pile de lettres de refus. Mais j'acquérais aussi l'art (non que je le maîtrise encore) d'écrire des textes qui ressemblaient à une nouvelle ; naturellement je courais à ma perte en essayant d'imiter Maupassant, O'Henry, Flaubert et Somerset Maugham – tous à la fois ! – et il n'est guère plus étonnant que mes tentatives, à la structure figée, ne suscitaient pas l'enthousiasme parmi les rédacteurs blasés. Puis l'un de ces hommes prestigieux, 'star' de New York à son heure de gloire (mais aujourd'hui handicapé par un horrible accident) m'écrivit : « Ecoute-moi, pourquoi diable n'écris-tu pas ce que toi, tu veux – ce que tu as juste sous les yeux ? Tu es aveugle ? » Et environ un mois plus tard, le courrier m'apporta un volumineux rouleau du New York Herald avec mon récit 'La Saga du Saumon du Pacifique' à la une de son magazine.

Oui, les choses avançaient. L'ennui avec moi, c'est que j'avais recherché l'exotisme en négligeant le quotidien tout autour de moi, simplement parce que je refusais de voir sa signification. Dans les camps de bûcherons par exemple, j'essayais de trouver de précieux sujets théâtraux, d'ordinaire relatifs à des bagarres, pour avoir fait mon apprentissage d'écrivain chez Ralph Connor et ses histoires dramatiques de trains de flottage bloqués et de bagarres entre Canadiens français dans les futaies de l'est du Canada.

« Des bagarres ? » s'exclama Swanson. « Pourquoi ? On n'a pas le temps. Les hommes doivent travailler quand ils sont dans la forêt. Et ça fatigue. Peut-être rue de la Gare à Vancouver, après avoir avalé un peu d'alcool, peut-être qu'un de ces bûcherons qui vont et viennent, il se bagarre de temps en temps. Mais ye me rappelle aucune bagarre, yuste un type ici.... Il avait arraché le visage d'un Anglais avec ses crampons. »

Swanson releva la semelle de sa botte de bûcheron en montrant les crampons, ces lourdes pointes qui leur permettaient de flotter des bois. « Cela te dirait de prendre ça en pleine figure ? »

Cependant il ne se rappelait pas la cause de la bagarre. Donc, bien sûr, il n'y avait pas d'histoire. C'était un cas désespéré. En deux ans, bien que nous devînmes tellement copains qu'il apporta chez moi un cerf qu'il avait braconné pour le dépouiller et le nettoyer, je n'obtins qu'une seule histoire de lui – sans qu'il le sût d'ailleurs. Ce fut quand il s'intéressa à l'accouchement (4) de ma chatte. « Quand est-ce que cette chatte va avoir ses sacrés chatons ? - et il ajouta : « Y'ai eu un chat qu'a empêché un meurtre une fois. »

Pour cette nouvelle, je gagnai cent dollars – suffisamment pour nous mettre à l'abri du besoin pendant des mois.

Je ne digresse pas. La Saga du Saumon m'avait montré ce qui me tenait à cœur. Elle m'avait prouvé que mes trois arts inutiles – la voile, la chasse et la pêche – n'étaient pas des choses inutiles. Je pouvais en faire ma vie, ce qui a été le cas, dans une large mesure. Mais par-dessus tout, cette lettre injurieuse de mon ami rédacteur handicapé de New York m'avait fait remarquer que je devrais regarder. Je devrais acquérir des yeux qui voient. Qui transmettent des pensées et des questions à mon cerveau qui me ferait raisonner. Vues sous cet angle, les Choses dans l'Eau présentèrent un intérêt accru à partir de ce moment-là.

Le courrier était livré au magasin par un homme à tout faire, qui était aussi le trappeur de martres du coin – et d'ailleurs un trappeur très intelligent. Deux fois par semaine, le mercredi et le samedi, venue du chemin de fer 45 kilomètres plus en aval, l'arrivée de sa vieille guimbarde au magasin représentait l'événement social au lac, la plupart d'entre nous réunis là-bas. Au début, je ramais pour m'y rendre sur les sept à huit kilomètres deux fois par semaine, puis seulement le samedi ; enfin je laissais passer une semaine. Mais tout en ramant, je traînais toujours une cuiller en espérant attraper une truite, et quand c'était la saison de chasse, j'emportais également un fusil. Il y avait un petit bois d'épicéas sur le rivage au niveau de l'eau du lac au-dessous de la maison, avec derrière, quelques mares dégagées où se tenaient les colverts. Ils en sortaient en filant vers le ciel – envol caractéristique – battant des ailes au-dessus de la cime des arbres … avant de tourner et de descendre en cercles. Ils offraient de jolis coups de fusil.

A l'occasion, un canard siffleur passait comme une fusée. Cette espèce, qui ne semblait jamais se nourrir de saumons morts, était recherchée. Les garrots albéoles et les petits morillons étaient présents la plupart du temps. Au magasin, dans l'attente du courrier (et il fallait presque toujours attendre), j'essayais au devon ou traînais une cuiller dans le pool de la rivière. Les journées étaient bien remplies dans cet endroit où les gens m'écrivaient du pays en me demandant : « Comment diable t'occupes-tu ? »

Mon épouse, qui devenait encore plus farouche (5) que moi, descendait rarement au magasin, préférant sa tranquillité. Mais lors de l'un de ces déplacements, elle attrapa la plus belle arc-en-ciel que nous eûmes en Colombie britannique. C'était par une journée tempétueuse pendant la saison des pluies (et il pleut là-bas deux mois sans discontinuer), et nous étions enveloppés tous deux de haut en bas dans nos cirés. A l'aller, j'avais tué trois canards morillons, maintenant posés à l'avant du bateau, et ma femme était pelotonnée à l'arrière, tenant sous son ciré notre sac de toile qui contenait le courrier et les provisions, la canne collée sous le bras. Nous avions presque oublié la ligne de traîne derrière le bateau quand, en atteignant notre baie, le moulinet se mit soudain à hurler. La stridence était trop vive pour nous faire penser à une accroche dans le lac. Trop vive aussi pour être arrêtée d'autorité. Je dis à ma femme de contrôler le dévidement de la ligne autant que possible à l'aide du pouce, sans risquer la casse. Aussitôt, une magnifique truite arc-en-ciel sortit toute entière de l'eau à plusieurs dizaines de mètres derrière le bateau.

On pouvait alors déjà presque voir l'axe de la bobine, car la ligne entière était sortie. Ce qui signifiait que la truite avait déjà pris une bonne partie du backing, composé d'une vieille ligne dont je n'étais pas sûr. Si elle avait fait un autre rush, nous l'aurions perdue, cela ne fait aucun doute. Mais elle décida de sonder. Ramant aussi vite que possible, je m'approchai d'elle, ce qui nous permit de récupérer tout le backing et de la tenir maintenant sur la bonne ligne. Elle avait pris une petite cuiller à truite Pflueger munie d'un hameçon unique et décorée d'une rangée de perles écarlates entre les deux palettes qui la composaient. La tension exercée par ma femme avait été assez forte pour faire pénétrer l'hameçon, au cas où l'attaque initiale aurait été insuffisante à cet effet. Maintenant, il fallait simplement veiller à ne pas faire de manœuvre idiote.

C'était un beau poisson, prêt à en découdre. Mon épouse se tenait debout sous la pluie battante, plus résolue même que moi à ne pas perdre cette grosse truite, pendant que nos lettres, nos nouveaux livres et le pain absorbaient l'eau de pluie comme des buvards. Elle était terrifiée. Le poisson lui transmettait les coups de tête de sa lutte sous l'eau à chaque fois qu'il filait vers le fond. Entre nous et la baie proprement dite se trouvait une île à demi submergée, avec un secteur très peu profond entre elle et la terre ferme, où la mousse du fond effleurait la surface. L'arc-en-ciel décida de s'y rendre. « On va la perdre », s'étrangla ma femme avec désespoir, car la truite sauta en sortant la ligne recouverte de mousse hors de l'eau. On avait l'impression que la crête d'une vague, couverte d'algues, avait été projetée en l'air. Mais c'est cela probablement qui l'acheva, car en ramant aussi vite que possible dans sa direction, nous la vîmes nager devant nous, précédée d'une masse de cette longue plante verte effilée. Nous n'osions trop nous approcher, au cas où elle filerait soudain sous le bateau, ou ferait à nouveau un bond hors de l'eau, sur une ligne aussi courte. J'aperçus la bande rosée sur son flanc et son énorme caudale qui battait faiblement. Je dis à ma femme de l'amener gentiment, glissai l'épuisette sous sa tête et la déposai dans la barque – juste avant qu'elle ne s'en dégage ! Elle pesait six livres trois-quarts.

Comme je l'ai déjà souligné précédemment, la taille seule ne compte pas. Je sais qu'on peut prendre des arc-en-ciel de 25 livres en Nouvelle-Zélande, mais ce n'était pas la Nouvelle-Zélande, et ce poisson, bien que pris tard dans la saison, était parfait. Eussions-nous été en Angleterre, je l'aurais sans doute fait naturaliser. Nous pensions qu'il était si magnifique à regarder que c'était, semble-t-il, dommage de le manger. Mais nous en grillâmes un morceau ce soir-là, et fîmes bouillir le reste que nous déposâmes dehors dans notre garde-manger grillagé, car nous avions déjà en abondance de la truite arc-en-ciel froide pour le déjeuner et le dîner à la fois du lendemain, sans oublier un gros morceau porté aux Allemands. Cette truite avait été capturée sur la vieille canne Bristol achetée en 1911 et qui m'avait tant servi pour pêcher le black-bass. Elle me permit aussi de prendre trois saumons dans le pool de la rivière en attendant le courrier, des poissons de douze livres et demie, huit livres et demie et sept livres et demie. Nous mangeâmes le plus petit, les deux autres allant aux Allemands qui les firent bouillir et les conservèrent au vinaigre dans des pots à confitures. Le gros avait cassé la ligne à une douzaine de mètres de la cuiller, et foncé dans les broussailles inondées (c'était au beau milieu de la saison des pluies), mais je le repris parce que la ligne s'était emmêlée dans ces broussailles en l'empêchant de s'enfuir jusqu'à ce que je rame à son niveau. Mais à cette époque, il fallait avoir l'estomac bien accroché pour manger ces saumons si avancés avant la fraie. Alors je renonçai à leur pêche, sauf à la pêche à la lance des saumons frais à l'embouchure de la rivière où remontaient les marées, en compagnie des Indiens Siwash.

Lors de la montaison des saumons, on peut trouver un village Siwash de nuit – et les yeux bandés ! La puanteur est incroyable. La raison en est que leurs villages de huttes en bois naturel, avec les grotesques totems sculptés érigés à l'extérieur, sont presque toujours établis près d'un secteur de rivière peu profond où ils peuvent transpercer les saumons d'un coup de lance. Les hommes se tiennent là, expédiant leurs lances dans les saumons qu'ils jettent alors à leurs squaws : des poissons de dix à quinze livres qu'elles éventrent d'un coup de couteau et dont elles retirent les entrailles qu'elles balancent sur la berge par-dessus l'épaule. Les paroles manquent pour décrire l'effet oppressant de quelques milliers d'entrailles de saumons pourrissant à la chaleur du soleil. C'est épouvantable.

Ces Siwash utilisaient une lance terminée par une pointe en forme de Y munie de deux barbillons d'acier, chacun étant retenu à la hampe par un petit cordon. En outre la hampe comportait aussi un cordon que le lanceur attachait à son petit doigt. Ils expédiaient la lance comme les Grecs de l'Antiquité lançaient le javelot – non pas en la tenant par la hampe, mais en la projetant, les doigts placés contre le bout. Ils la lançaient ainsi en l'air en une parabole qui retombait sur le poisson. Ils ne harponnaient pas les saumons.

Cette nuance doit être saisie pour apprécier leur habileté. Car non seulement ils devaient tenir compte de la réfraction, qui vous fait croire que le saumon est plus éloigné de vous qu'il ne l'est en réalité, mais aussi de la vitesse de nage du poisson, pour permettre à la lance de tomber au moment où le saumon passait en dessous. Pourtant ils manquaient rarement leur cible.

Quant à moi, saisissant la lance à mi-hampe et la projetant bien en dessous de l'endroit où la réfraction de l'eau le faisait apparaître, j'enfonçai profondément les deux barbillons dans mon premier saumon – ce qui n'attira que quelques sourires. Alors que je ramenais ce poisson, un Siwash patient me montra poliment comme ma méthode brutale et maladroite n'avait réussi qu'à gâcher un saumon pour le fumage. Je lui avais non seulement brisé le dos, je l'avais aussi bousillé en faisant pénétrer la lance jusqu'à l'intérieur des chairs.

C'était un spectacle extraordinaire, qui prit fin avec l'un de ces couchers de soleil où le monde baigne dans une poudre d'or. Et les saumons qui remontaient la rivière aux eaux lentes à cet endroit proche de la côte, encore et encore … comme les légendes même que les Siwash avaient bâties autour d'eux. En se tenant sur cette berge de rivière à l'état sauvage, en compagnie de ces Indiens au faciès japonais (il ne fait aucun doute que les Haida sont venus d'Asie), on comprenait leur mythologie, et la vénération qu'ils portaient aux animaux. On se rendait compte que depuis des milliers d'années, ces Indiens capturaient ainsi les saumons presque certainement à l'endroit même où l'on se tenait. Le monde autour d'eux subissait des bouleversements, mais deux éléments demeuraient immuables dans cette scène : l'Indien et le saumon. La relation qui les unissait restait la même. Avant l'acier, les barbillons étaient fabriqués en os, ou peut-être en ivoire de morse. Voilà la seule différence essentielle.

Nous assistâmes au dernier potlatch dans la Maison-Si-Grande-Qu'il-Faut-Crier-Pour-Etre-Entendu – traduction littérale du nom Siwash pour la vaste construction en planches de cèdre, dans laquelle ces Indiens de la côte prenaient autrefois grand plaisir à pratiquer leur passion de la danse. Elle ne comportait pas de cheminée, et le feu en son centre était alimenté par d'énormes morceaux de troncs d'arbres. Une véritable tour d'étincelles rougeâtres rugissait, comme une explosion continuelle, en direction d'un large orifice dans le toit pointu, à une grande hauteur. Les tribus étaient assises à l'intérieur sur des sièges disposés en rangées. Les spectateurs frappaient leurs sièges à l'aide de baguettes de bois en psalmodiant, et les hommes dansaient autour du feu, le visage revêtu d'un masque en bois. Certains de ces masques, de manière significative, ressemblaient aux masques 'd'horreur' japonais. Leur gamme était étrange pour une oreille occidentale – parfois proche du chinois. Puis soudain vous la ressentiez dans le battement de votre pouls. Vous vous mettiez à tanguer, à vibrer à des sonorités incompréhensibles. Avec ces masques, ils firent la Danse de l'Ours, celle du Loup et la Danse du Chinook – le grand saumon King, dont le poids atteint les cent livres.

Ils étaient pris de frénésie, se jetaient dans le sable, la bouche pleine d'écume. Cela aussi, ils le faisaient depuis des milliers d'années. Vous étiez décontenancé, avant que quelque chose d'inconnu ne se déclenche en votre for intérieur, tourmenté par la sensation qui s'éveillait avec inquiétude dans votre propre corps. Aviez-vous jamais dansé ainsi, sur la longue route qui vous avait fait la personne que vous étiez devenue ?

Ce n'est pas mon imagination. En regardant la danse du sorcier guérisseur des Bushmen en bordure du désert du Kalahari dans le haut sud-ouest Africain dix-neuf ans plus tard, une note inhabituelle dans leurs cris me transporta instantanément à la rivière de Colombie britannique en cette nuit étoilée. Il n'y a aucune relation ethnologique entre le Bushman et le Siwash – sauf aux débuts même de l'origine de l'homme – et pourtant il existait la même vénération totémique dans ces deux danses primitives. Au Kalahari, après la Danse du Sorcier pendant laquelle quatre sorciers Bushmen firent entrer un initié en état d'hypnose absolue, les petits hommes se lancèrent dans la Danse de l'Antilope autour du feu de buissons épineux, en levant les doigts de chaque côté de leurs petites têtes pour imiter les cornes du koudou. (6) Et les psalmodies perçantes des femmes minuscules ressemblaient étrangement à celles des squaws Siwash.

Je pêchai à la traîne dans le petit bras de mer où se jetait la rivière de Colombie britannique quand les saumons étaient si nombreux que les éclaboussures blanches qui se produisaient lors de leurs sauts et qu'ils retombaient dans l'eau salée me fit penser que la baie était couverte de 'moutons'. C'est loin d'être une exagération, comme le sait quiconque a vu l'embouchure des rivières là-bas quand a lieu la grande montaison. Et ce n'est pas non plus une histoire incroyable de pêche car, bien que j'eusse des douzaines de fois l'impression qu'un saumon allait retomber dans mon bateau à son prochain saut, je n'en pris pas un seul.

Mais l'ex-commandant de la RAF qui m'accompagnait prit un poisson de dix livres avec une cuiller qu'il avait peinte en rouge vif. « C'est le rouge qui les attire ! », jubilait-il. Le rouge est une couleur, semble-t-il, qui pousse les poissons à mordre dans le monde entier : les black-bass aux Etats-Unis, les saumons en Colombie britannique ; et les truites des îles Shetland qui s'emparent d'une Peter Ross.

Ainsi nous retournâmes au lac solitaire, au cœur de l'hiver, où les cannes, la carabine et le fusil furent remisés jusqu'au printemps.

III

La Saga des Saumons du Pacifique

Pendant un mois à l'automne, il pleut sans interruption sur l'île de Vancouver, tandis que les volutes des brouillards s'élèvent des forêts et que les brumes de l'océan Pacifique envahissent les côtes. Cette région du nord revêt alors une majesté mélancolique. C'est à cette époque que l'on peut être témoin de la fin de la vie, condamnée à l'avance, des saumons. On assiste au dernier acte de la tragédie. Mais on peut également s'apercevoir, si on a la chance de se rendre compte de son déroulement, des débuts d'une vie nouvelle.

En aval du pool de la rivière vivait un Ecossais qui s'était dressé contre l'inexorable Dame Nature pour, comme il le disait, 'améliorer les chances' de survie des saumons du Pacifique. C'était le responsable de l'écloserie. Mais il était beaucoup plus que cela. C'était le grand prêtre de son culte, un tel fanatique que partout où j'ai pêché depuis, je le revois toujours en esprit, debout sur le piège à saumons en Colombie britannique, pratiquant ses rites quasi mystiques.

De hautes montagnes vertes et pourpres de rochers ; des nuages d'orage qui s'amassaient, venus du Pacifique ; une pluie battante qui noyait les forêts d'épicéas, de cèdres et de sapins, aussi épaisses que les poils sur le dos d'un chien : c'était un maelström battu par les vents, plein de fracas. On entendait l'énorme rugissement de la rivière Robinson qui coulait à flots vers la mer, ses rapides d'un blanc d'écume laiteux, puissants comme des jets d'eau sous pression. C'était une journée tempétueuse, même pour ce territoire quand se déclenchent les pluies. Nous pouvions à peine avancer contre le courant de la rivière.

« Diable, dit l'homme, je ne pense pas qu'on va y arriver ! »

Je ne pouvais plus parler. « Encore un coup de rame avant de mourir ! », me dis-je en un gémissement intérieur (je m'étais dit la même chose sur trois kilomètres aux courses d'avirons de Poughkeepsie).Enfin nous parvînmes au bief.

« Mcpherson, dis-je, après avoir retrouvé toute ma vision, les saumons n'en valent pas la peine. Rien ne mérite pareille torture. »

Mcpherson allumait sa pipe, tenue à l'envers à l'abri de la pluie. Il fit un signe de tête en direction de la fosse. Je regardai par-dessus bord. Et vis les phalanges rouges.

De grands saumons rouges aux yeux pâles regardaient des profondeurs ; une armée spectrale passait au-dessous de moi. Usés, couverts de plaies, ils fusaient dans leur lutte à contre-courant, se reposaient, puis reprenaient silencieusement leur pèlerinage. Des milliers et des milliers de saumons venus de la mer pour frayer et puis mourir.

« Des fantômes ? »

« Oui, dit Mcpherson, ce sont des fantômes, c'est bien vrai. Encore trois semaines et tous seront morts. Regardez ce mâle ! Il est déjà à moitié mort. »

Je regardai le poisson : malade, défiguré, misérable. Il était difficile de croire qu'environ un mois seulement plus tôt, il étincelait dans l'eau salée comme un fuseau d'argent. Puis était venu l'Appel, il était parti vers l'eau douce – vers le cours d'eau qui l'avait vu naître deux ans auparavant. Les écailles étaient tombées du dos pour laisser place à une chair molle et spongieuse, ses mâchoires s'étaient recourbées, les dents proéminentes, avant que, pareil à un chien roux sauvage, il ne pénétrât dans le détroit de

Juan de Fuca. Cessant de s'alimenter, obnubilé par sa mission, il avait échappé aux barrages, aux pièges et aux filets des conserveries, lutté contre le flot grossi de la rivière, franchi les chutes avec force sauts et contorsions, échappé aux lances des Siwash.

« Je les ai vus, Mcpherson interrompit le cours de mes pensées, un mâle et une femelle, remonter suivis d'un banc d'arc-en-ciel dans leur sillage, comme une meute de loups à leurs basques. Oui, et j'ai vu le vieux mâle se retourner et les chasser loin d'elle. »

« Quel cran ! » Mcpherson grinça des dents. « Livre pour livre, centimètre pour centimètre, le saumon est le poisson le plus courageux au monde. Et vous dites qu'ils n'en valent pas la peine ! »

Pour moi le saumon était autrefois une denrée qui arrivait dans une boîte de conserve. Une allusion faite à l'épicier me valait d'en trouver à table. Mais Mcpherson me racontait des choses.

« Et dans quel but ? Dans quelques semaines, tous seront morts, ça va dégager une puanteur dans toute la région. Vous allez les voir joncher les barres de galets. Cette crue-ci va décroître et les laisser éparpillés sur les berges. Les canards vont rappliquer par milliers et tellement se gorger de poissons morts et pourrissants que leur viande aura un goût pire que du poison. Les colverts s'empiffrent, mais ne mangent que les yeux. Oui, et les ours laissent de sacrées saletés dans la neige. Des millions et des millions de saumons se font moucher comme autant de bougies. »

« Mais pourquoi ? » demandai-je docilement.

Mcpherson poussa un grognement. « Pourquoi ? Vous n'avez pas une autre question ? Comment moi, ou qui que ce soit d'autre, pourrais-je vous dire pourquoi le Nature est cette fieffée imbécile ? Nous ne serions pas assis dans ce baquet par ce foutu temps. »

(Les cinq espèces de saumons du Pacifique – les Oncorhynchus – ne se reproduisent qu'une fois avant de mourir. Le sockeye, le chinook et le chum ont un cycle de vie de quatre ans ; le coho et le pink de deux ans. Dans quelques cas, comme sur les fleuves Fraser et Naas, il existe également une petite montaison de sockeyes dont le cycle est de cinq ans.) (1)

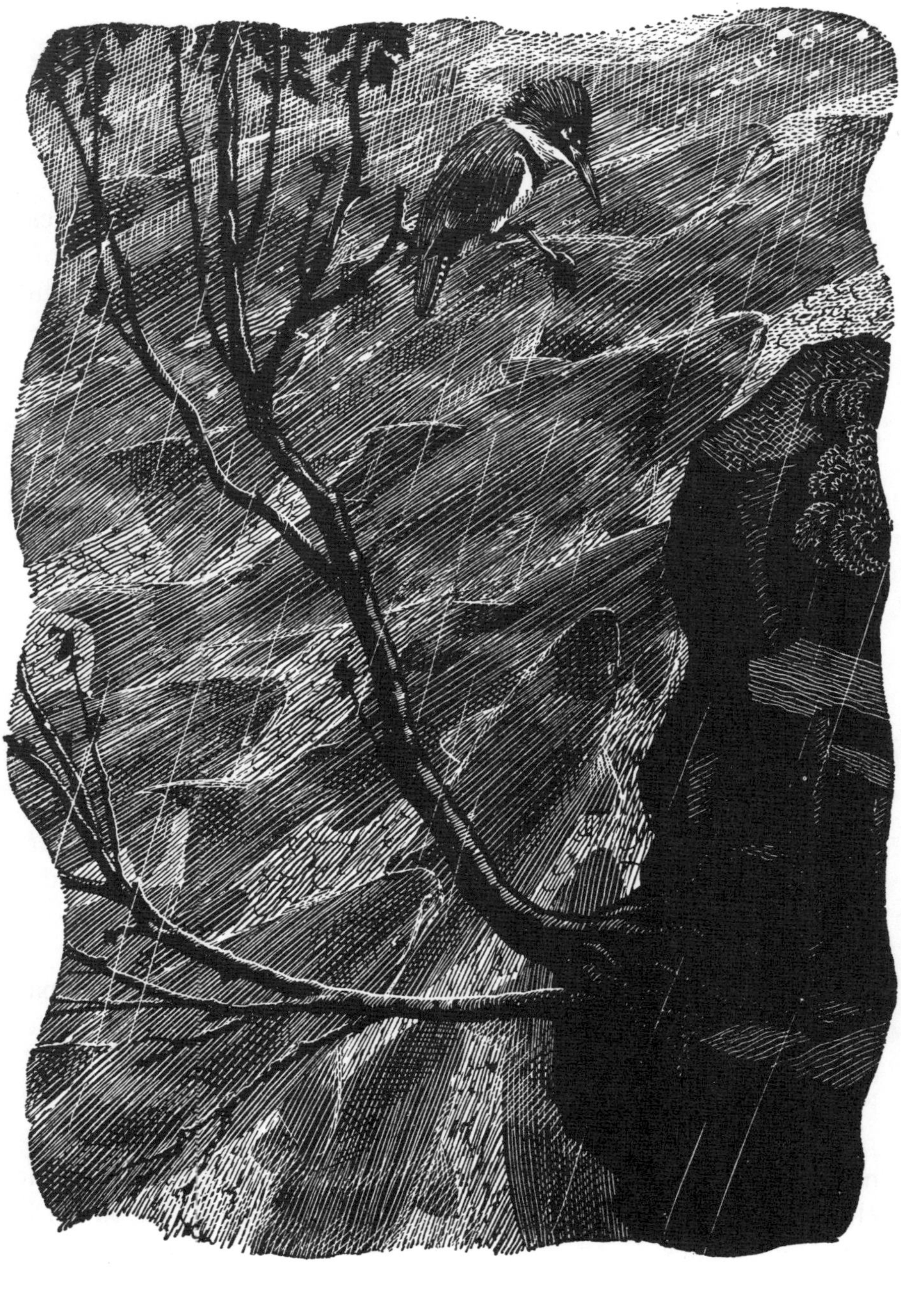

Des milliers et des milliers de saumons se font moucher comme autant de bougies

En remontant le lac dans la chaloupe de l'écloserie, en fait un bateau de pêche japonais désarmé, Mcpherson avait parlé de son travail et expliqué le besoin qu'il avait de fournir autant d'efforts. Entre la Nature et l'Homme, soutenait-il, le saumon est en voie d'extinction. Orphelin à la naissance (pouvait-on donner ce nom à un œuf ?), un œuf de saumon a juste une chance sur un millier de donner un poisson qui reviendra finalement achever le cycle de vie tragique de son existence, c'est-à-dire propager l'espèce. Une sur un millier ! Pas de chance, en effet. D'où l'écloserie.

Cette installation améliore les chances, fait sortir le poisson de l'œuf, et le fait grandir après résorption de la vésicule vitelline au stade d'alevin, puis le pousse à celui de tacon … et enfin le relâche. C'est un grand maintenant qui peut se débrouiller ; et même une truite cutthroat devra réfléchir et nager vite pour l'attraper. Ainsi parlait Mcpherson :

« Les œufs ! Donnez-moi les œufs et assez de bassins de rétention – et je vais repeupler l'océan. »

Certains maintiennent que les écloseries n'ont pas fait leurs preuves et que leur travail n'est qu'une goutte d'eau dans l'océan. Mais ce pisciculteur était si convaincu par les preuves qu'il avait vues de ses propres yeux qu'il ne répondit même pas à mes allusions en ce sens. Il se tenait là, sur le bord du piège à poissons, agrippant un saumon par la queue. Son coude droit lui plaqua la tête sur le côté. La main experte de Mcpherson glissa le long du ventre du coho en direction de l'orifice génital. Un jet de globules cornaline gicla dans le seau de fer galvanisé, de jolies petites choses de la taille d'une groseille. « C'est un beau poisson, » dit Mcpherson, qui parlait comme s'il était en train de traire une vache Holstein qui avait remporté un prix.

« Merveilleux poisson. Prenons-en un autre. »

Je plongeai l'épuisette dans la caisse formée par les lattes de bois verticales du piège et poursuivis un poisson avant de le mettre finalement dans le filet. « Un mâle », dit Mcpherson, après un rapide coup d'œil. Sa main gauche protégée d'une mitaine se referma sur la caudale ; le poisson de quinze livres effectua un arc de cercle et d'une chiquenaude rapide, le coude exercé emprisonna la tête. De nouveau, les doigts habiles, couverts de protubérances, glissèrent en direction de l'orifice. Un jet liquide cette fois, très semblable à du lait, fila dans le seau. Il se tourna et le versa dans un autre seau, rempli de ces œufs ambrés. Puis il rejeta le poisson dans l'eau tourbillonnante et piquée de la rivière où, pour autant que je sache, il s'éloigna sans plus de mal.

Comme un chercheur dans son laboratoire, l'Ecossais regarda dans le seau d'un air interrogateur et laissa doucement couler un peu d'eau par-dessus le bord pour couvrir les œufs fécondés.

« Regardez maintenant ! » dit Mcpherson.

J'observai un miracle s'accomplir dans le seau. Une brume flottait sur les œufs, presque imperceptible, tant sa consistance était délicate. C'était le 'changement de couleur'. Chaque œuf était maintenant distinct, enveloppé dans sa propre petite parure de création. Un point blanc sur chacun d'eux indiquait que désormais la Vie était apparue.

Certains prirent rapidement une couleur corail pâle. Mcpherson les préleva adroitement et les jeta. Ils étaient déjà morts. Il revint à ses 'bébés'.

Je ressentais dorénavant son intérêt paternel. J'essayai de prendre le dernier poisson resté dans le piège. Nous formions un drôle de couple, cet Ecossais et moi, au bord de ce torrent de montagne en Colombie britannique, et dans le piège il y avait un drôle de poisson. C'était un énorme mâle, déjà bien avancé en vue de la fraie, le bec courbe et les dents de chien bien visibles. (2) Certains saumons mâles sont ainsi déformés, par suite de la croissance des organes sexuels, que les mâchoires se referment de chaque côté, l'une par-dessus l'autre, comme des cisailles. Cette bête avait l'air méchant. Par ailleurs le piège était une structure bancale. Nous nous regardions. Le saumon pâle, l'œil jaune, semblait me fixer d'un air malveillant.

« Par ici ! » L'épuisette me fut arrachée de la main, et d'un mouvement adroit d'expert, Mcpherson mit fin à la bataille. En un clin d'œil, le gros poisson se retrouva prisonnier de sa poigne. L'homme se pencha de nouveau sur le seau.

J'aime me souvenir de lui là-bas, la barbe rousse brillante, des nappes de brouillard tournoyant autour de lui comme des volutes de fumée. Il aurait pu être quelque grand prêtre accomplissant un rite, un chaman Siwash peut-être, car les mythes des Indiens Haida sont peuplés de saumons. Les Haidas partageaient la croyance qui si une femme mangeait des œufs de saumon, elle serait transformée en pierre. Les canoës à haute proue, les Siwash,

Mcpherson, les saumons : tous appartenaient à ce cadre, le Nord-Ouest d'antan qui est en train de disparaître. Et Mcpherson, avec ses seaux d'œufs rouges, menait un combat d'arrière-garde. Contre? Eh bien, contre le Temps peut-être ; le Temps et les Conserveries.

« Un tas d'impies ! » disait Mcpherson des propriétaires des conserveries, « qui ne pensent qu'à eux-mêmes. »

Grâce à leur argent, ils ont exercé un pouvoir politique en Colombie britannique assez fort pour faire échouer jusqu'alors tout projet de loi qui interdirait la pêche illimitée. « L'argent, » jurait Mcpherson, « c'est tout ce qui les intéresse. Ils prennent tous les poissons qu'ils peuvent – et au diable l'avenir des saumons ! »

L'avenir était le souci particulier de Mcpherson. « Prenez soin de ces œufs ! » Il m'observa attentivement, me jaugeant avant de me tendre les seaux. Je me tenais dans le courant, l'eau coulait dans mes bottes : « Prenez soin des œufs ! » rétorquai-je. « Si vous ne vous dépêchez pas de me les donner, je vais tout renverser dans l'eau ! » Une lueur féroce brilla dans les yeux bleus qui me dominaient. C est ce qu'ont vu les chasseurs de panthère à la poursuite d'un jeune animal. Je me dépêchai de sortir de l'eau, les seaux sacrés tenus à bout de bras au-dessus de la tête.

Mcpherson, faisant preuve d'une magnifique assurance, courut le long du mur étroit du piège à saumons et atteignit la rive. Nous traversâmes des broussailles humides, des aulnes ruisselants de pluie et des épines du diable, contournâmes les troncs d'épicéas gigantesques pareils à des piliers, et enfin déposâmes en sûreté les seaux peints en noir sur le fond de notre embarcation. Mais le danger n'était pas derrière nous. Restait la rivière.

D'immenses embâcles dévalaient et nous dépassaient ; des branches tordues, squelettiques griffaient l'air comme des bras. Un harle surgit de son vol rapide, lancé comme une balle vers l'amont, sa vilaine tête rouge tendue comme la pointe d'une lance. « Bon Dieu d'oiseau ! » blasphéma Mcpherson. « Chaque fois qu'il plonge la tête sous l'eau, il remonte avec un poisson dans le bec. »

Nous regardâmes le bec-scie disparaître rapidement au détour d'un méandre. « Espérons qu'on ne va pas cogner dans un de ces embâcles, » dit Mcpherson. C'était comme si nous dévalions un toboggan au parc d'attractions de Chicago. Comment un poisson pouvait remonter dans ce courant me laissait perplexe. Nous avions pu remonter la rivière en abandonnant les rames et en nous hissant à la force des bras en tirant sur les branches de la berge inondée. Mcpherson déclara qu'un saumon pouvait contourner un rocher dans un courant de trois mètres par seconde. Il faut un courant uniforme supérieur à dix kilomètres de long pour interdire leur progression continue. « Et ils se servent de leur tête ! » déclara-t-il. « Ils utilisent chaque obstacle, se glissent dans les amortis et les remous – et alors ils foncent dans le courant. Comme ça ! » Il lança le poing devant mon nez pour montrer la rapidité de leur ruée. La pensée de cette lutte homérique, avec la mort pour récompense ultime, était stupéfiante.

Ce pèlerinage annuel des saumons vous faisait vous demander si après tout une erreur n'avait pas été commise dans l'ordre des choses. Des poissons comme les chinooks, les saumons King qui atteignent très souvent un poids de cent livres, effacés à la fleur de l'âge. Cela ressemblait trop au meurtre d'un homme de quarante ans.

Nous étions maintenant sur la chaloupe grise, qui pouvait affronter la mer, en direction de la partie inférieure du lac où Mcpherson allait me déposer chez moi. Pour la première fois lors de cette journée, il se détendit. Nous avions 'vidé' treize poissons, trois mâles et dix femelles. Avec 2000 œufs par femelle coho, cela signifiait que nous avions récupéré 20000 saumons potentiels. On estime qu'en moyenne la nature aurait permis à 20 saumons d'atteindre le stade adulte. Vingt saumons ! Mais ces œufs étaient désormais les protégés de Mcpherson.

Ils seraient placés dans de longs chenaux grillagés et alimentés en eau à l'écloserie. En 90 jours environ, d'étranges petites choses sortiraient des gravillons. Des poissons de la taille d'une épingle, avec un drôle de petit sac attaché à chacun (la vésicule vitelline, c'est-à-dire ses repas pour quatre semaines). A sa résorption, les poissons seraient placés dans des bassins de rétention et nourris de foie de bœuf râpé. Ils vivraient comme des nababs et deviendraient gras et résistants. (J'ai vu, des années plus tard, des pisciculteurs nourrir leurs truites au foie de bœuf dans une écloserie du Somerset). Quatre mois environ plus tard, les minuscules poissons atteindraient la taille d'un doigt. « Mais cette année, prétendit Mcpherson, je vais les garder au-delà, disons environ six mois. Aussi longtemps que je le pourrai. Cela augmentera leurs chances.

Chaque jour compte. Alors je pourrai les déposer dans le ruisseau sans dire 'Dieu soit avec vous' en pensant que c'est une blague. »

Néanmoins Mcpherson était déprimé. Il soutenait que les calculs erronés d'un ingénieur sur le continent avaient, quelques années plus tôt, pratiquement décimé la meilleure montaison de saumons au monde. Et personne ne pourrait la faire revenir.

Quelques chiffres « du mauvais côté de la virgule » disait-il – et une falaise sauta, ce qui n'était pas prévu. Elle s'effondra dans la Fraser juste au moment de la grande remontée, et bloqua le fleuve et « la plus grande réserve mondiale de saumon en conserve disparut. »

« Que diriez-vous, » dit-il en m'épiant pour guetter une réaction spectaculaire de ma part, « si je vous disais qu'un geste de la main d'un homme – la main qui a fait exploser la dynamite – a coûté à la province de Colombie britannique et à l'Etat de Washington aux USA vingt-sept millions de dollars ? »

« Je dirais que vous êtes cinglé. »

Mais Mcpherson, malgré la chance splendide que cette histoire lui offrait d'adopter un air tragique, était précis dans ses chiffres. Des années plus tard, où que ce fût dans le monde, quand on me présentait du saumon 'pink' au lieu du Sockeye rouge, je ressentais un choc dû à la bourde de ce mathématicien. Le véritable saumon rouge était devenu une denrée rare, et même le prix du Pink avait augmenté. Mais vous pouvez vous en rendre compte par vous-même si vous essayez d'acheter du saumon dans n'importe quel magasin.

La raison de cette catastrophe mondiale est un autre accident de la nature, dans son traitement apparemment impitoyable des saumons, connu sous le nom de 'la Grande Remontée' sur le fleuve Fraser. Pour une raison qui n'a encore jamais été découverte, il y avait une montaison de sockeyes dans la Fraser tous les quatre ans qui était toujours beaucoup plus importante que les montaisons combinées des trois années précédentes. Cette remontée se produisait à intervalles réguliers : 1909, 1913, etc.... et, n'eût été cet accident, aurait continué de nouveau en 1917, 1921, 1925, et ainsi de suite. Cette remontée était tellement importante que même la pêche la plus outrancière des conserveries, les pièges et les lances des Indiens, les ridicules captures des pêcheurs sportifs – rien ne pouvait même la réduire. Les poissons qui se massaient dans la Fraser lors de ces grandes années, se battaient en fait pour trouver place sur les frayères. Presque tous les sockeyes au monde (les saumons qui étaient alors vendus dans le commerce) étaient nés dans ces frayères. On dit que les trois années maigres – qui même alors étaient riches en saumons – ne pouvaient pas ensemble réunir la moitié des saumons de la grande année.

Mais lors de la construction du tunnel des chemins de fer canadiens du Nord à Yale en 1913, un ingénieur sous-estima la puissance d'une explosion qu'il avait ordonnée. Au lieu de détacher simplement un cubage calculé de rocher, elle effondra toute la paroi de falaise dans le fleuve.

« C'était un spectacle à faire hurler », dit Mcpherson, qu'on avait appelé en renfort. « J'ai vu des milliers et des milliers de saumons essayer de franchir cet obstacle. Les hommes travaillaient comme des castors pour aider les poissons à passer. Nous avons construit des passes dans les chenaux latéraux, nous avons dégagé des rochers énormes à la sueur de notre front. Je me suis cassé les ongles des deux mains. Nous avons travaillé avec frénésie, vous savez. Nous savions ce que cela voulait dire, si la grande remontée ne passait pas. Mais c'était en vain. Des millions et des millions de poissons sont morts au pied de l'eau qui bondissait par-dessus cet éboulement de rocs. Ils ne pouvaient pas passer. Deux mètres soixante-quinze – les poissons sautaient à cette hauteur – mais ils ne pouvaient pas affronter un véritable tuyau d'incendie, c'était exactement ça. Le cœur se brisait en voyant l'eau les frapper et les repousser. Et ils sont morts sans avoir pondu leurs œufs – et avec eux est morte la grande remontée de la Fraser. »

Mcpherson déclarait que c'était la plus grande catastrophe connue dans l'histoire des poissons. 1917, qui aurait dû connaître une autre grande montaison, vit une chute des captures de 81%. Il était certain que la grande remontée ne pourrait jamais revenir. Et pendant quelques années après le désastre de 1913, le gouvernement canadien et l'Etat de Washington ne purent convenir d'une période de fermeture dans la Fraser. Trop d'argent avait été investi dans les industries rivales de la conserverie. Et leurs propriétaires affirmaient qu'il leur était impossible d'arrêter leur activité, il fallait qu'ils pêchent année après année pour couvrir leurs frais généraux. Il y avait des intérêts à payer sur le capital, nonobstant l'avenir des poissons. Et comme il se trouve que les quarante premiers kilomètres de la Fraser traversent le territoire américain, il n'y avait pas, semblait-il, de solution. Des réformettes, de la poudre aux yeux pour le public, furent mises en place par le rachat de droits de pêche à certains des pauvres Indiens Siwash.

En 1921, autre 'grande année', les captures furent inférieures de 93% à celles de 1913.

William Sloane, Commissaire honoraire aux pêcheries de Colombie britannique, déclara : « A moins que des mesures radicales ne soient prises immédiatement, les saumons auront bientôt disparu comme le dodo. »

Des années plus tard – j'ignore la date exacte – un semblant d'accord fut conclu afin de mettre en place une fermeture destinée à protéger les remontées dans la Fraser. Je n'en connais pas le résultat. Mais, à ce que je vois, il n'a pas produit un quelconque effet sur le marché. J'écris ceci d'un point de vue purement personnel – le vôtre et le mien. Quand votre épicier vous proposera une boîte de saumon dont l'étiquette indique 'Rose' et dont le contenu blanchâtre et d'aspect bizarre n'a rien à voir avec la chair ferme et rougeâtre que nous avions tant l'habitude de voir autrefois avec salade et mayonnaise, peut-être aurez-vous une pensée pour l'éradication de 'la grande remontée' de la Fraser.

Car cette chair rosâtre n'est pas du sockeye. En général, il s'agit de saumon chum, poisson qui, avant la destruction de la grande remontée, était rejeté, méprisé par les conserveries. Il était tout juste bon pour un Siwash ! Le humpback est aussi vendu maintenant sous le nom de 'saumon rose'. La loi fait obligation d'indiquer le nom du poisson sur l'étiquette. C'est bien la seule mesure éthique observée par le gouvernement. La raison de la pâleur de la chair de ces poissons, c'est que la nature de leur cycle biologique est tel que le processus de la reproduction est déjà avancé avant qu'ils n'atteignent les eaux saumâtres ou douces où ils sont pêchés par les conserveries. Et ce processus a concentré l'huile qui donne sa couleur à leur chair dans les œufs ou la laitance.

Ils ne sont pas mauvais. Mais je préférerais manger du poisson-chat avec des gaufres.

Canards au coucher du soleil. Les colverts restaient sur le lac en général. Mais comme ils se nourrissaient de saumons morts, leur chair était infecte. Cependant, un vol de canards qui s'étaient nourris toute la journée dans l'eau salée, rentrait chaque soir. Par les soirées calmes, ils arrivaient, haut dans le ciel, d'un battement d'ailes rapide, pour regagner leurs sanctuaires sur la partie supérieure du lac toute en longueur. Mais si le vent était contraire, ils volaient bas et profitaient fréquemment des abris que le relief leur offrait. Assis dans ma barque derrière les broussailles d'une longue pointe, une boîte de cartouches vidée dans mon chapeau de feutre posé sur le caillebotis, j'avais de jolis coups de fusil. A la nuit tombée, j'entendais souvent le bruissement de leurs ailes au-dessus de moi quand ils se posaient dans notre baie. Les naturalistes peuvent émettre des réserves, et insister sur le fait que les parents n'apprennent rien aux jeunes, que le vol et la construction du nid obéissent à l'instinct et que ce n'est pas le résultat d'un apprentissage, mais moi je sais que les canards apprennent à voler et à se poser à leurs petits. Au printemps suivant, j'avais coutume d'observer un couple de colverts voler en cercles au-dessus de notre baie avec leur progéniture et, c'est incontestable, leur donner des leçons de vol et leur apprendre à se poser. J'observais aussi loin de la rive un harle huppé, en ramant derrière lui, suivi de sa flottille de jeunes canetons, trop petits pour voler, tandis qu'elle allait et venait comme une flèche sur l'eau, en les poussant comme un chien de berger bien dressé vers l'abri que leur offrait le camouflage de buissons le long de la rive. Avec leurs taches duveteuses noires et jaunes, ils devenaient pratiquement invisibles ! J'étais à moins d'un mètre environ d'un jeune, les yeux fixés sur lui, sans le voir, avant de remarquer son petit œil semblable à un bouton noir. La mère pendant ce temps volait de haut en bas derrière moi en essayant de détourner mon attention.

On dit que la femelle de la sarcelle migre avant le mâle, ou vice versa. Je ne sais pas. Je les trouvais d'ordinaire ensemble, mais je ne savais jamais où je les trouverais. Je n'aurais pas été surpris d'en voir une sortir de mon lit. Les petites sarcelles n'avaient jamais le goût de poisson, elles n'étaient pas nombreuses non plus.

J'en ai parfois dérangées au crépuscule dans une mare d'eau laissée par les pluies en tirant ma barque vers une clairière isolée sur une rive basse alors que j'espérais lever un faisan. Les morillons, eux, se tenaient sur le petit lac adjacent que j'ai évoqué. Assis dans ma barque à l'embouchure du chenal qui le faisait communiquer au grand lac, je faisais feu une fois pour les faire s'envoler, et rechargeait vite mon fusil. Quand ils le peuvent, les canards volent toujours au-dessus d'un plan d'eau.

Alors ils arrivaient, mais en volant presque toujours trop haut quand ils passaient au-dessus de moi. L'aristocrate anglais qui habitait de ce côté du lac adorait cette chasse, car il parvenait à tirer des canards que j'estimais souvent hors de portée. C'était un remarquable tireur. Mais comme la plupart des gens qui vivent longtemps là-bas, il avait renoncé à la pêche et à la chasse après un certain temps. Alors que je me tenais dans l'embouchure du chenal par une soirée hivernale tempétueuse et que le lac était démonté, je vis une forme noire arriver sur moi depuis le lac gris. Je pensai qu'il s'agissait d'un plongeon. Mais à la façon dont l'oiseau dressa les ailes pour se poser, j'eus un doute et tirai.

Mon fusil n'était qu'un calibre 16, et je n'avais que des cartouches de cinq, un plomb passe-partout dont je me servais pour presque tous les gibiers. Et mon premier coup de fusil, tandis que cet oiseau mystérieux arrivait droit sur moi, glissa, comme dit le proverbe, sur le parapluie de son indifférence. Le gros oiseau passa au-dessus de moi comme un bombardier. Puis je me retournai et tirai le coup de grâce. Quand il tomba à l'eau et se retourna, je découvris que j'avais tué une magnifique bernache du Canada.

Vous imaginez l'excitation dans ma cabane ce soir-là ! Nous mangeâmes presque tout en un seul repas. Mais ce fut la seule oie que je tirai, ou même que je vis pendant ces deux années. En général elles évitaient le lac lors de leur longue migration vers le sud. Quelle était l'histoire de cet oiseau isolé ? Je ne l'ai jamais su, sauf la fin.

En Colombie britannique vous vous réveillez un beau jour et réalisez que la montagne qui se dresse en face, couverte de plaques de neige, a perdu ses couleurs froides et métalliques : les tons blancs et bleus, le gris des rochers. Le lac lui-même, au lieu de paraître d'un noir d'encre entre le cadre blanc de neige de ses rives, est devenu une dépression couverte d'un halo bleu frémissant. Vous ressentez la chaleur inhabituelle du soleil sur le visage. Vous pouvez sentir la forêt derrière. Le printemps est arrivé.

La vraie pêche reprenait ! Au printemps, à la mouche. J'employais pratiquement les mêmes mouches que j'utiliserai en Ecosse, avec en plus la Cowichan Coachman, qui possède une aile lie-de-vin et blanche, inventée et montée par une dame anglaise sur la côte. Je trouvai que l'attrayante Alexander ne valait rien en Colombie britannique, bien que j'ai entendu parler d'autres pêcheurs qui ont réussi avec de façon spectaculaire. La Butcher, la Zulu, la vieille March Brown, toujours fiable, les Silver Doctor, Jock Scott, Grouse & Claret, Teal & Green, Teal & Red, à l'exception de la Peter Ross que je ne possédais pas là-bas – c'était les mêmes mouches qu'on utilisait en Ecosse, dans les îles Shetland ou bien aux Hébrides. Je mettais presque toujours la Butcher en pointe, la Zulu en sauteuse, et variait le modèle du milieu. Je me servis du même montage dans les Balkans, et dans les vifs torrents des Alpes Dinariques avec un succès égal, voire supérieur ; avec en plus la Peter Ross et en particulier la Blue Upright à hackle. J'éliminais les hameçons latéraux de mes leurres à lancer, trouvant que je prenais plus de poissons en faisant confiance uniquement à l'hameçon de pointe. Ainsi je harpais moins les poissons et les décrochages étaient moins nombreux. Et je découvris qu'un devon plat 'Reflex', doré ou argenté, de cinq centimètres avec une perle écarlate placée juste à l'avant de l'hameçon triple, était de loin le meilleur leurre artificiel. J'insiste à nouveau sur l'attraction meurtrière de la couleur rouge ou écarlate.

Je m'étais alors procuré ma cabane flottante, cette hutte en bois naturel construite sur un long radeau en rondins de cèdre. Et dans l'endroit isolé où je l'avais amarrée au printemps suivant, au pied du mont Bald, je voyais toujours des truites nager autour de nous à l'aube d'un matin calme. J'avoue qu'au tout début du printemps, je les attrapais avec des lignes de fond eschées illégalement d'œufs de saumon, mais c'était avant qu'elles ne prennent la mouche. Il fallait bien vivre ! J'en ai pris sur notre radeau, mais habituellement je les laissais tranquilles à proximité immédiate. Il y avait une grosse truite mâle qui avait son poste sous le radeau. Nous la regardions sortir – car elle s'abritait du soleil par les journées très chaudes – et l'observions examiner les restes divers de nourriture que nous jetions à l'eau pour la tenter. Nous nous demandions souvent si elle savait ou non qu'elle était en sécurité.

Le partenaire de l'Anglais qui vivait de l'autre côté du lac était arrivé de Ceylan et de sa plantation de thé, mais avait découvert que le 'ranch' de Colombie britannique n'était pas le paradis espéré quand il y avait englouti son argent. Il était aigri. La pêche était à peu près la seule chose qui l'intéressait dorénavant. Il traversa le lac à la rame un beau matin pour me signifier qu'il avait entendu dire que les truites arc-en-ciel avaient commencé à prendre la mouche dans la rivière en aval 'comme des folles'. Et si on y allait ?

Je ne sais pas ce qui est le plus excitant : la tape d'une truite qui prend la mouche noyée sous l'eau, le gobage d'une grosse qui aspire la mouche sèche avant de replonger –juste avant le ferrage – ou les derniers moments d'anxiété avant de la mettre au sec. Tout cela bien sûr surpasse tous les plaisirs de la pêche au lancer. Il n'y a rien de tel que la mouche, ou le plaisir de la lancer.

Sur cette rivière rapide, on avait construit une protection en rondins de bois le long de la rive opposée, attachés les uns aux autres par des bouts de chaînes, pour écarter les embâcles emportés en aval, bois, broussailles, rondins ou tout autre débris venu du lac, afin qu'ils n'obstruent pas la rivière. Les premières truites paraissaient toujours se tenir le long de ces rondins. Il n'était pas facile de lancer à cause de la présence des hautes broussailles derrière, mais quand la mouche se posait et que la ligne était emportée par le courant, vous saviez qu'une attaque pouvait se produire à tout moment. Une truite de deux livres était un beau poisson dans ces eaux vives – trop gros s'il s'élançait aussitôt dans l'eau blanche. Nos paniers n'étaient jamais très lourds, peut-être dix poissons chacun en une journée. Le plus gros que je me rappelle avoir pris là pesait deux livres et demie. Mais quand soufflait une fraîche brise printanière et que vous aviez conscience de la joie d'être tout simplement en vie après les longs mois d'hiver, chaque jour était grisant.

Il y avait une fosse en aval où les résidents qui vivaient sur l'eau et ceux qui habitaient près du magasin, assistaient certains soirs à une activité miraculeuse des truites. J'y ai pêché, en compagnie de trois ou quatre bateaux sur l'eau, alors que les gobages alentour ne cessaient jamais.

Le cadre de toutes ces pêches était la forêt dense de sapins et les montagnes qui brillaient au soleil très haut au-dessus de la ligne des arbres. Les truites cutthroat grossissaient davantage mais ne paraissaient pas avoir la même énergie qui animait les belles et bagarreuses arc-en-ciel. Elles n'étaient pas aussi bonnes dans l'assiette non plus. Et de loin les deux plus mémorables poissons de ces deux années furent deux truites arc-en-ciel de deux livres et demie, au gramme près, que je pris dans ma propre baie à une demi-heure d'intervalle. Toutes deux offrirent une telle défense que je pensai avoir à faire à des poissons d'au moins quatre livres. Nous étions tellement sûrs de prendre un poisson quand c'était nécessaire qu'un soir où nous avions invité le vieux docteur irlandais à dîner, je ne partis pas avant la toute dernière minute. Le résultat, ce fut que je n'eus pas la moindre touche. L'obscurité était tombée. Je voyais le rectangle de lumière découper la porte ouverte de la maison, et entendis même le docteur demander d'une voix sarcastique si j'étais descendu acheter un poisson à l'écloserie, quand une grosse brute d'environ trois livres prit la mouche alors qu'elle descendait vers le fond.

Elle se réfugia plusieurs fois sous le bateau sans que je le réalise avant d'entendre la vibration des nageoires et de la queue derrière moi de l'autre côté. Mon épouse et le docteur aussi entendaient les sauts. Il demanda : « Est-ce que c'est notre dîner ? », à quoi je répondis que c'était ce que je pensais. Puis une fois le poisson au fond de la barque, je criai triomphalement : « C'est bon, Eve – sors la poêle à frire. »

Le poisson n'était pas un régal pour le docteur, il en était fatigué. Mais même son palais blasé fut sensible aux filets croustillants de ce poisson-là, accompagnés de sauce mayonnaise, bien qu'à contrecoeur il déclara que ça lui semblait 'un gâchis contre nature de bonne mayonnaise'. Le fait est que les habitants de la région n'aimaient tout simplement pas le poisson. Quant au saumon, ils le préféraient en conserve, sentiment que je partageais un peu moi-même pour ce qui était du saumon de Colombie britannique qui n'a rien de la saveur d'un saumon d'Ecosse. Il y a même un écart d'au moins 5000 kilomètres entre eux, soit la traversée du Canada.

J'avais tant à faire ce printemps-là qu'une heure de pêche ou environ en soirée constituait une détente attendue. Je travaillais une bonne partie de la journée, tous les jours, à teindre des cloisons, à fabriquer des meubles, bref à mettre de l'ordre dans notre maison sur l'eau. Puis quand le niveau du lac commença lentement à baisser avec la fin de la fonte des neiges, je bloquai de gros rondins sur le rivage en calant de grosses pierres dessous. Rondins que je débitai ensuite comme bois de chauffage, en été et en hiver quand le niveau baissa encore. Le vieil Allemand m'aida en fournissant un harpon pour les couper en tronçons et je l'aidai, puis nous fendîmes chacun notre petit bois. Le débitage était un travail éreintant, car cet Allemand était un homme coriace et entêté, dont la fierté lui interdisait de prendre une minute pour souffler à moins d'être absolument certain que j'y étais prêt. Ma chemise de flanelle dégoulinait de sueur. Puis après avoir pris un bain rapide en tenue d'Adam dans le lac, et passé un pantalon propre et sec et une autre chemise, l'heure que je passais à pêcher avec nonchalance le long du rivage était un luxe. Une fois les poissons préparés et mangés paresseusement, je m'asseyais dehors sur notre 'pont' dans une chaise de camping et regardais les étoiles apparaître. Les mots seuls peinent à en rendre compte. Car cette sensation est intangible, même pour soi – mais il y avait dans les soirées telles que celles-ci une justification particulière que seuls les 'colons' peuvent ressentir. En lisant ces pages, ils me comprendront. Puis je me mettais au lit et m'endormais en lisant avec contentement à la douce lueur de notre lampe à huile démodée, placée entre nos deux lits de camp. J'ai lu plus de bons livres là-bas, et en ai retiré davantage de profit, que n'importe où depuis. Le matin, à l'aube très souvent, je me réveillais frais et dispos, puis faisais trempette après avoir allumé le feu et préparé le café. Ou bien, si ma femme dormait encore profondément, ce dont elle semblait capable jusqu'au grand jour, je faisais quelques lancers avant le petit déjeuner. Mais franchement, je préférais un bon plat d'œufs au bacon (œufs que nous commandions par douzaines à la Compagnie de la Baie d'Hudson) avec une épaisse tartine de pain frit que du poisson pour ce repas.

C'était une vie délicieuse. Nous n'avions pas à lutter contre les moustiques, il n'y avait pas d'animaux nuisibles, pas de voisins (sauf si nous le voulions), nous n'avions aucune dette d'argent au monde. Je ne comprends pas pourquoi nous quittâmes ce paradis. Je passais maintenant plusieurs heures par jour à écrire de manière intensive, et avais atteint ce stade de la technique d'écriture de la nouvelle où j'étais assez sûr de la vendre après le point final. A condition de la terminer – ce qui était une autre histoire. Mais cette certitude de pouvoir vendre ma production marqua la transition entre mon dilettantisme et mon approche professionnelle envers mon travail. Cela me procurait satisfaction et sécurité, et un intérêt presque vorace pour le lexique. Le jour où je me rendis compte que je maîtrisais et guidais mes impulsions affectives par un contrôle conscient de la forme et des mots fut le jour où je cessai de craindre d'être 'sans ressources connues'.

A partir de ce moment, la Colombie britannique aurait pu être un paradis pour nous. Nous savions que nous aurions pu y vivre jusqu'à la mort. Nous avions déjà pris des contacts en Alaska pour obtenir un petit voilier dans lequel nous avions l'intention de faire une croisière cet été-là autour de la Baie des Glaciers. Mais quand arriva le printemps suivant, tant attendu, et que nous avions déjà fait le choix de ce que nous allions emporter en Alaska, je compris soudain que si nous faisions ce voyage, nous serions en Colombie britannique pour toujours. Et il restait encore une bonne partie du monde que je voulais visiter.

Alors nous en discutâmes. Mon épouse pleura. Parmi toutes les personnes de ma connaissance, elle était éminemment faite pour cette vie en Colombie britannique. Elle était autosuffisante, physiquement comme mentalement. Elle adorait ce lac, elle adorait les bois, elle adorait l'absolue liberté de notre existence. Mais elle aussi pensait que nous ne devrions pas 'renoncer' et nous retirer là-bas, pas encore. Alors à contrecoeur, elle accepta.

Ce fut une soirée empreinte de tristesse, cette dernière soirée – alors que les premiers saumons de montée éclaboussaient l'eau de leurs sauts au clair de lune près de notre maison flottante. Le lendemain matin, je descendis pour tenter ma chance et prendre une dernière grosse truite steelhead. Elles remontaient maintenant, la rivière était pleine de poissons de dix livres. Bien que je les pêchai toute la journée, en essayant toutes les mouches de mon portefeuille, aucune n'y prêta attention.

« Diable, c'est à peine croyable ! » me cria un homme de la berge en face. Il m'informa qu'il avait fait toute la route depuis Seattle simplement pour pêcher ces steelheads de printemps. « J'vais plier cette maudite canne et rentrer à la maison ! »

Je lui dis que j'allais faire la même chose. La semaine suivante, nous traversions les Rocheuses dans un train à destination de Chicago. Je retournais pour gagner de l'argent, tout l'argent possible. Cette fois-ci, j'allais franchir un obstacle plus important. Et de fait, deux ans plus tard, je lâchai l'emploi très prometteur et le mieux rémunéré que j'aurai jamais, partis en bateau pour l'Angleterre où j'achetai un yawl dans la région de lacs du Norfolk et repartit à la voile de la mer du Nord à la mer Noire. Mais …

Si j'avais pris une grosse steelhead ce matin de printemps en Colombie britannique, nous serions tous deux là-bas maintenant.

Je m'étais alors procuré une cabane sur l'eau

IV

Le charme des îles Shetland. A la pointe nord-ouest de l'Ecosse. Les gillies.

La pêche, comme je l'ai dit, est un ensemble de beaucoup de choses, les poissons eux-mêmes n'étant pas toujours le but principal. Il ne semblera donc pas contradictoire de ma part de dire que j'ai apprécié la pêche au nord de l'Ecosse, dans les îles Shetland et Hébrides, encore plus qu'en Colombie britannique. C'est la vérité. Pour ce qui est de la pure splendeur, je doute qu'il existe une région du monde plus magnifique que les îles Shetland. Les truites de mer attrapées dans les estuaires saumâtres ou dans les ruisseaux de tourbe, ou les truites fario prises parmi les bordures granitiques des lochs ventés, vous laisseront des souvenirs vivifiants pour le reste de votre vie.

Les Shetland sont un paradoxe. Les îles même ne ressemblent pas à des îles, mais à une chaîne de montagnes ravagée et rabotée par les glaces qui a soudain sombré dans la mer et dont il ne reste que les sommets. Il y a plus de cent îles et la plus grande, Mainland qui couvre plus des trois quarts de la superficie totale, fait 87 kilomètres de long par 34 de large. Pourtant, on peut, au beau milieu à Mavis Grind, lancer un caillou soit dans la mer du Nord, soit dans l'océan Atlantique.

Le littoral est insensé : c'est une espèce de débauche géologique où les rochers semblent pris de folie. Ils surgissent de la mer en falaises abruptes, en pointes de lances et en arches grandioses sous lesquelles on pourrait faire passer un voilier gréé en trois-mâts carré. Les phoques tachetés se prélassent sur les magnifiques rochers rouges. La grande baleine souffle au large. Les goélands, guillemots, pétrels fulmar, cormorans huppés et macareux poussent leurs cris stridents depuis les bordures dentelées des falaises, passent d'un vol rapide en flottilles curieuses sur la marée et tournoient en un ballet de plumes dans les embruns au-dessus du déferlement des vagues vertes. Tous les jours pendant six heures l'océan Atlantique s'installe entre les îles en grands remous tourbillonnants à marée montante. Puis il recule et la mer du Nord se lance à sa poursuite, les vagues incessantes battent les rochers dans les déchirures que sont les goulets de Yell et de Blue Mull. Pourtant sur cette côte fantastique se trouvent toute la couleur et la beauté des Shetland.

Dans les terres tout n'est que monotonie : de noirs marécages de tourbe et les longues landes désolées – et le cri du courlis. Il n'existe pas de cours d'eau, à part quelques ruisseaux qui gargouillent et coulent presque invisibles dans les chenaux noirs qu'on a creusés dans la tourbe et se vident dans des lochs de petite profondeur balayés par les vents, où l'eau est noire comme du café avant qu'on n'y verse de la crème. C'est un paysage morne, principalement consacré au pâturage des moutons sur de petites exploitations où les pêcheurs fermiers habitent près du rivage dans de petites huttes de pierre aux toits de chaume. On a l'impression que ces huttes se ramassent pour abriter leurs façades du vent marin, le chaume retenu par de vieux filets de pêche et de lourdes pierres. Et pourtant même cet arrière-pays désolé connaît ses moments de beauté car les marais noirs de tourbe virent au pourpre quand la bruyère est en fleur, et les landes dénudées sont en réalité couvertes de minuscules fleurs sauvages … si vous vous baissez pour regarder. Là aussi, creusant des garennes dans toutes les directions, vivent des lapins blancs, des lapins noirs, des lapins gris, bref des lapins par milliers.

Rien n'a beaucoup changé depuis que l'homme s'est établi là. Aujourd'hui il est toujours possible de voir un homme ou bien un mouton à l'horizon des Shetland, à quelque distance qu'il se tienne contre l'écran du ciel. Aucun arbre naturel n'y pousse.

Alors que je frissonnais sous la pluie incessante qui battait les lochs parsemés de rochers et balayés par les vents, je commençai à philosopher sur l'austérité de la vie dans ces îles, à me demander s'il faut être philosophe pour être pêcheur, ou si les heures passées à la pêche ne rendent pas philosophe.

Je lançais machinalement et une truite s'était ferrée seule. La bagarre commença avec ce poisson que bien sûr je ne pouvais pas distinguer dans l'eau noire. Je ne voyais que mon bas de ligne en fine racine anglaise qui coupait l'eau, et plongea soudain sur une ruée du poisson. Avec précaution et en maintenant la pression, je le laissai prendre du fil. Ma canne était joliment pliée et absorbait ses coups de tête. Mon poignet enregistrait chacun de ses mouvements, qui me parvenaient comme autant de télégrammes le long de la ligne tendue et de la fine canne en refendu. Je me mis à trembler un peu : et si je le perdais ? Est-ce que je le bridais trop ? Est-ce que ce bas de ligne était bon ? L'avais-je assez humidifié ? Avait-il pris la mouche de pointe ou celle du milieu ? S'il avait pris cette dernière, je n'avais pas de chance car des herbiers poussaient au fond. Ah, quelle ruée ! Il devait bien faire deux ou trois livres au moins…

Il pesait moins d'une livre. Mais une fario des îles Shetland, aux flancs mouchetés et couverts de points rouges, ne doit pas être examinée en fonction de son poids, non c'est sa beauté qu'il faut admirer. Et je préférerais prendre une douzaine de truites de 35 cm qu'une grosse de quatre livres sans défense (j'ignore si je dis ou non la vérité !) Elles se défendent mieux, et sont plus musclées, alors qu'une grosse truite de quatre livres est corpulente et paresseuse. En tout cas, cela se vérifie aux Shetland, où les truites de loch sont petites et où la moyenne des poissons du jour sera invariablement inférieure à la demi-livre. Sur le loch Eela, j'en pris trente entre quatre heures de l'après-midi et huit heures. Le panier pesait neuf livres et quart. J'ai rarement passé une plus belle journée de pêche.

La pêche dans les lochs est complètement différente de celle des eaux limpides de Colombie britannique. Il n'est pas utile de ferrer les truites de loch, mieux vaut les laisser se piquer seules. C'est une pêche terriblement excitante, car il faut se retenir pendant la fraction de seconde qui précède l'insignifiante tirée qu'il convient simplement d'accompagner. Je ne pense pas que ces truites sautent aussi fréquemment que celles des eaux claires. On les aperçoit rarement pendant la lutte. L'eau est si sombre que même si un poisson n'est qu'à cinq centimètres à peine sous la surface, on ne le voit pas tant qu'il n'est pas sur le flanc. Voilà pourquoi lorsqu'elles bondissent effectivement hors de l'eau, c'est une révélation stupéfiante. On croit avoir lutté avec une baleine – et ce n'est qu'une courageuse fario d'une demi-livre. Mais quels poissons bagarreurs !

Les journées tristes sont excellentes ; les journées exécrables sont meilleures ; quant à celles où vous haïssez l'idée même de mettre le nez dehors, elles sont idéales. J'ai pêché dans le loch Eela par une sombre journée glaciale et âpre, avec des vents forts et des bourrasques de pluie qui le balayaient. Je l'avais déjà vu depuis la route par une belle journée. Ses eaux agitées ressemblaient alors à de la soie bleue posée parmi les vertes collines. Mais le jour en question, je savais que l'eau serait brune, avec des moutonnements d'écume entre les rochers noirs, et qu'il n'y aurait pas le moindre abri, aucun endroit autour du loch où je pourrais prendre mon repas sous le vent. La tempête paraissait se déchaîner, de la mer du Nord et de l'Atlantique à la fois. A neuf heures, j'étais assis devant un feu de tourbe revigorant, épuisé mais satisfait.

Nous avons vidé les truites, les avons étalées comme un tapis et frites dans la farine d'avoine pour le petit déjeuner.

Les lochs des Shetland reflètent de grands moments d'histoire et d'amour. J'ai un jour pêché dans le loch de Girlsta – le Geirhildavatan des Norvégiens – où Geirhilda, la fille de Flokki se noya. Flokki avait découvert l'Islande. Et le loch n'a pas changé depuis son époque – jusqu'au dernier rocher. J'ai pêché dans le loch Clousta par un crépuscule mordoré alors que la bruyère était en pleine floraison. La clarté de l'air était un peu trop vive, trop brillante pour les poissons, mais tout autour de moi sur les collines rocailleuses, la bruyère pourpre ondulait sur fond de ciel bleu et paraissait flotter dans une brume poudreuse de tavelures d'or. J'ai pêché dans ces îles pendant deux ans.

A Unst, l'ultime pointe de terre au nord des Iles Britanniques, que j'atteignis après un voyage d'une journée entière en remontant les îles en baleinière, en voiture et en bateau à moteur, franchissant de la sorte deux détroits très agités, se dresse toujours une vieille 'grande maison' dont l'entrée est faite de deux mâchoires de baleine. Sa table de vieil acajou est couverte d'argenterie Georgienne et une peinture à l'huile du Duc de Wellington, ami du laird depuis longtemps décédé, est accrochée au mur. Les anciennes carcasses de harenguiers sur le rivage impriment à la désolation du lieu la nostalgie d'une vieille estampe Georgienne sur acier. Et là, coiffé de son chapeau de chasse, vivait le meilleur pêcheur peut-être de truites de mer que je connaîtrais jamais. Ancien juge à Mombasa, il était maintenant le député des Shetland. Il disparaissait après le petit déjeuner informel et rentrait tous les soirs avec au moins une truite de mer de trois ou quatre livres, prise parmi les rochers couverts d'algues de mer. Quand j'essayai de l'amener par la ruse à me montrer ses coins de pêche, il refusa poliment mais fermement : « C'est mon secret. Je connais cet endroit depuis ma jeunesse. »

Les truites de mer demeuraient mon objectif principal, nonobstant leur abondance moindre que dans les Hébrides. Il y avait une crique où nous essayâmes en vain d'en capturer à l'aide d'imitations de lançons en chamois. Mais ce fut dans le ruisseau qui dévalait en cascades vers cet estuaire aux eaux teintées qu'après avoir pris plusieurs truites de mer normales (principalement sur une Peter Ross) que je perdis deux monstres. Le premier dépassait largement les huit livres et je le tins au bout de mon bas de ligne en 3 X pendant deux heures quarante minutes avant qu'il ne lâche tout simplement. Ce souvenir me met au supplice car j'aurais pu le mettre à l'épuisette dès la première minute, alors que le poisson était effrayé, si je ne m'étais reculé de la berge comme un idiot, pour lui donner du fil. Il était à mes pieds !

Les algues qui ondulent paresseusement forment une dentelle brune autour des rochers de l'estuaire. On dirait qu'elles nous font signe, se levant et s'abaissant en douceur au gré de la houle de l'Atlantique. Les longues vagues déferlent dans un bouillonnement d'écume blanche, puis se retirent rapidement en laissant entendre de petits glougloutements discrets, et le filigrane blanc des bulles minuscules disparaît. Vous pouvez alors voir jusque dans les profondeurs bleu-vert où les rochers noirs s'évanouissent en pente dans les forêts sous-marines. Puis le bateau se soulève avec la vague qui se retire précipitamment et les oiseaux de mer poussent leurs cris. Au-dessus les falaises se dressent et dominent, tels des remparts flanqués de tourelles, les nuages aux formes arrondies. Des corbeaux noirs les quittent et planent dans le vide immense. Les rochers rouges, mauves, écarlates forment des murailles, des tours penchées, des pointes de lance de soixante mètres de granite rouge.

C'était le domaine des phoques. Quand nous n'étions pas à la pêche, nous les recherchions au milieu des ces rocs rouges fantastiques. Nous surprenions des flottilles d'eiders minuscules, que leurs mères éloignaient aussi vite qu'elles le pouvaient. Un garrot, oiseau rare, quittait sa cachette, tête basse et cou tendu, s'échappant, pensait-il, sans se faire remarquer. Deux marsouins passaient, émergeant puis replongeant dans la mer comme s'ils étaient perpétuellement en train de rouler comme des pneus. Ils poussaient de petits soupirs aigus en plongeant. A tout instant, alors que nous parvenions à la plage de rochers rouges ou à la saillie plate suivante, je retenais ma respiration à la vue des phoques. Ils étaient vautrés là sur la pente abritée de ces rochers rouges au-dessus d'une mer d'un bleu de Prusse. De couleur chamois, ils étaient tachetés de points noirs. Ils étaient pris de frénésie en nous apercevant. Ils sortaient de leur sieste, la tête au petit museau noir penché vers la mer, et quand le chef de la troupe me regardait de ses doux yeux bruns, il devenait presque fou ...

Plouf ! Splash ! Vingt phoques atterrissaient dans l'eau et disparaissaient ! Vous auriez pu imaginer que la terreur que leur inspirait l'homme les aurait envoyés à des milles au large. Pas le moins du monde : alors que nous étions soulevés et jetés vers le ciel par la houle puissante de l'Atlantique, les phoques revenaient. Et j'essayais d'imprimer cette image à jamais dans ma mémoire : le littoral sauvage et rouge, le déferlement des vagues bleues, et tout autour de nous, le cercle féerique des phoques. Ils se balançaient là au gré des vagues et tournaient anxieusement vers nous leurs têtes de chiens.

Mais précisément comme j'ai évité d'en parler dans ce chapitre, il y a une autre image que j'ai essayée, elle, d'oublier depuis : celle de la truite de mer de huit livres, peut-être même dix, qui cassa mon bas de ligne. Ce qui s'était passé, c'était que le propriétaire du ruisseau, le laird local, voyant que la journée s'annonçait brillante et sans le moindre souffle de vent, m'avait généreusement proposé de pêcher sur ce parcours réputé pour ses truites de mer d'une taille inhabituelle. Et moi, voyant que c'était une journée brillante et sans le moindre souffle de vent, et donc sans le moindre espoir d'attraper un gros poisson, ni même un poisson assez vieux pour faire preuve de prudence, fixai un bas de ligne ordinaire pour la pêche en loch et commençai à faire route en remontant le ruisseau afin de me rendre à un loch éloigné qui s'étalait au milieu d'une étendue de tourbe molle.

Ce loch isolé, entouré de tourbe spongieuse, était un des plans d'eau les plus lugubres que j'ai jamais abordés. La mélancolie m'envahissait à sa seule vue. C'était pourtant là que les grosses truites de mer se rendaient lors de leur migration.

J'avais pris deux ou trois petites truites de mer avant de parvenir à une fosse. Tandis que je lançais sans conviction depuis la berge en essayant de faire bouger un assez beau poisson que j'y avais décelé, et en mangeant en même temps mes sandwichs de l'autre main, mon épouse assise près de moi lisait un roman policier et profitait de la chaleur du soleil. C'est alors que cette énorme truite de mer dont je n'avais absolument pas soupçonné la présence fit une chandelle en queue de pool en éclaboussant l'eau. Je fus tellement surpris que je faillis tomber à l'eau moi-même. Alors je fis tout ce qu'il ne fallait pas faire ! Je me positionnai en tête de la fosse en quelques bonds de façon à me donner de l'espace pour lancer, et posai les mouches sur son poste. Elle prit au second passage. Je pensais qu'elle allait faire demi-tour et fuir vers l'aval. Au lieu de cela, aussi vite que je récupérai ma ligne pour garder le contact, elle se dirigea droit vers moi. Pendant un instant où je restai médusé, elle fut à mes pieds, les nageoires et la queue battant lentement. J'aurais pu la mettre à l'épuisette aussi facilement qu'un gardon.

C'était le domaine des phoques

Ensuite je me reculai rapidement de quelques pas le long du ruisseau pour allonger de quelques mètres ma ligne dangereusement courte – au cas où elle sauterait – et elle démarra !

Je parvins à l'empêcher de remonter le ruisseau au milieu de rochers et dans un courant à la pente marquée ; quant à elle, elle décida de ne pas dévaler hors de la fosse. Au contraire, elle se posa sur le fond et n'en bougea plus. Je ne cois pas qu'elle ou moi ayons bougé d'un mètre pendant l'heure suivante. Je réussissais à l'amener en surface centimètre après centimètre, mais à chaque fois que la sauteuse apparaissait, la truite sondait à nouveau irrésistiblement. C'était l'impasse.

Comme je l'ai dit, on peut apercevoir un mouton, n'importe où, à plus d'un kilomètre, se détacher sur l'horizon des Shetland. La camionnette du boulanger qui venait livrer quelques miches de pain au laird, s'arrêta sur le pont de granite en aval, et le conducteur vint à ma hauteur pour me demander : « Pourquoi ne la sortez-vous pas ? » J'expliquai la taille de la truite de mer, mon bas de ligne en 3 X râpé, et ainsi de suite. Il repartit en secouant la tête. La nouvelle fit le tour des Shetland. Deux hommes jeunes sortis de nulle part se penchèrent sur le pont et m'observèrent en silence. Une vieille femme, qui portait sur le dos un panier rempli de briquettes de tourbe, et tricotait tout en marchant, fit également une pause sur le pont. Ils se mirent à discuter de mon cas. Je mangeai le reste de mes sandwichs de ma main libre tout en maintenant de l'autre une bonne tension de la pointe de la canne, et ma femme me versa ma ration de thé dans le gobelet de la bouteille thermos. Je lui demandai de prendre quelques cailloux que je lançai dans l'eau. Mais rien ne faisait bouger ce poisson.

« C'est une question de patience, affirmai-je, lequel des deux va se fatiguer en premier. »

En fait, j'avais envie de casser la ligne. Le suspense me tapait sur les nerfs. Et donc quand le régisseur du propriétaire arriva et, de sa manière bourrue, me demanda : « Pourquoi vous la sortez pas ? », j'obéis. Je saisis la ligne de la main gauche au-dessous de l'anneau de départ et en la tenant fermement, courbai la canne. Car c'est tout ce que je fis, la grosse truite ne bougea pas d'un pouce. Puis la canne se redressa.

« Perdue ? » suffoqua le régisseur.

J'acquiesçai d'un signe de tête. Il n'y avait rien à dire.

Alors que nous étions là debout au bord de la fosse que nous ne quittions pas des yeux, l'énorme poisson sauta et retomba sur les roseaux juste en face de nous.

« Oh ! Le régisseur eut le souffle coupé, c'est une grosse ! »

Il s'en alla faire son rapport au laird, je suppose, selon lequel l'étranger avait failli capturer l'une de ses fameuses grosses truites de mer. Je me traînai avec lassitude à travers l'île pour rentrer chez un autre laird qui m'hébergeait. Pour me consoler, il produisit aussitôt une bouteille de whisky pleine.

Je me rendis la première fois aux îles Shetland pour repartir sur une baleinière avec Olsen, le doyen des canonniers norvégiens. Nous tirâmes un rorqual de quatre-vingt tonnes dans le Gulf Stream. Mais c'est une autre histoire. Ce qui m'amusa beaucoup lors de ce voyage, de la part d'Olsen, un homme qui avait tué 2600 baleines, ce fut de le voir au bord de la crise de nerfs parce qu'il avait remonté une morue mâle de trois livres. Nous étions à court de vivres et laissions juste dériver la baleinière le long de la côte colorée des Shetland, en pêchant par-dessus bord. Nous pêchions à une telle profondeur que, par suite de la brutale décompression, la plupart des poissons que nous hissions à bord avaient les viscères éclatés et sortis de la bouche. C'était l'un de ceux-ci qu'Olsen me laissait admirer, moi et les dix autres Norvégiens.

« Pon sang ! Qu'est-ce que vous dites de ça ? Si c'est pas un glos ! » exultait l'homme qui quelques jours plus tôt tuait une baleine de quatre-vingt tonnes.

Il y eut une matinée en compagnie d'Olsen que je n'oublierai jamais. Nous avions coupé les moteurs sans jeter l'ancre, et nous tenions à proximité du Gulf Stream. Le soleil s'était couché en laissant des bandes noires et dorées. Même Olsen était ému, mais il se contenta de dire : « Petiite briise du nold … » Puis « Pon sang ! Ce sacré Gulf Stream, il est yuste comme une femme, on sait yamais où il est quand on a besoin de lui ! »

Nous avions tenté de le repérer car les rorquals l'empruntent en se nourrissant de plancton et des millions de 'clevettes', comme les appelait Olsen, qui prolifèrent en marge du courant.

Ce soir-là, je dis à Olsen que je ne voulais pas me coucher, je voulais voir l'aube se lever. Je m'assis sur une écoutille, fixant des yeux la longue houle luisante de l'Atlantique jusqu'à ce que les vagues prennent une teinte bleu clair et or et qu'une lumière rose embrase les montagnes célestes. J'observai le soleil apparaître sur la bordure du monde. Puis, sans impression de mouvement, les nuages altérèrent silencieusement leurs contours et semblèrent prendre feu. Les vagues devinrent aussi vertes que du jade poli. Et tout autour de nous s'agitaient les nageoires et queues noires de centaines de requins pèlerin. Une autre journée débutait – et nous partîmes vers l'ouest à la poursuite des baleines.

Les cris grinçants des goélands dans le port de Lerwick, comme autant de machines rouillées, me sont toujours agréables, bien que je déteste ces oiseaux, de même que les nuits passées à bord d'un chalutier à harengs sur lequel j'étais parti dans l'attente de la chasse à la baleine. Nous traînions environ trois kilomètres de filet au large des îles Skerries alors que les derniers rayons du soleil couchant illuminaient un promontoire qui s'embrasait d'opale. A minuit, le filet brillait d'un éclat phosphorescent, les harengs tombaient comme des fragments d'argent, et d'énormes méduses roulaient sur les mailles en se dilatant et luisant comme des lunes dans leur univers sous-marin. Les goélands plongeaient à l'aube pour s'emparer des poissons, mais les labbes, véritables faucons de la mer, les poursuivaient en les forçant à les recracher en plein vol. Les fous de bassan à la tête jaune soufre se laissaient tomber comme des plombs dans les vagues. L'un des membres d'équipage avait été dans un chalutier à Gallipoli pendant la dernière guerre. Il évoquait ses souvenirs d'un ton maussade alors que nous passions la nuit assis là, faisant bouillir le thé sur le feu destiné à fournir de la vapeur aux cabestans du pont, quand un vieux marin des Shetland s'adressa à son copain : « James Robinson, toi et moi, on n'a rien vu du monde. On aurait tout aussi bien pu grandir dans un tonneau. » 'Constantinople', comme ils avaient surnommé leur ami qui avait roulé sa bosse, grogna et se tut.

Cela peut paraître retors, mais il y avait dans la vie de tels hommes un sens pratique affirmé qui leur permettait de mener une existence frugale, mais qui rendait aussi inconsistantes qu'un soufflé les discussions théoriques et techniques dans les confortables clubs de Londres sur la bonne mouche, le Spey cast, le pour et le contre de la mouche noyée par rapport à la sèche, etc. Je ne dis pas que toutes les formes de pêche à la mouche, et oui, même la pêche aux appâts, ne constituent pas un art splendide, et je retire autant de plaisir que n'importe qui dans la pêche en fauteuil ; mais je pense réellement qu'il y a beaucoup trop de personnes qui se satisfont d'accumuler le matériel et la terminologie plutôt que de pêcher. Je pêchais un jour derrière Kirkcudbright en compagnie d'un vieux gillie revêche quand un gentleman arriva, le panier rempli de toutes les mouches et gadgets qu'on pouvait acheter à Pall Mall. (1) Je découvris également que le loch lui appartenait aussi ! Mais très aimablement il me permit de rester : « Il y a assez de place pour nous deux », dit-il généreusement. Sur quoi le gillie marmonna : « Il ne va rien prendre… Il passe son temps à changer sa ligne. »

C'était la façon de 'présenter la mouche aux poissons' qui déterminait la valeur de la mouche, selon le gillie. Et l'autre s'était attiré la haine du guide parce qu'il changeait constamment de mouche.

Mais qu'est-ce qui incite un saumon à prendre ces pincées de plumes fixées sur un hameçon ? Il ne peut certainement pas toujours penser qu'il s'agit d'une mouche. Ou même d'une crevette. Rien dans la nature ne s'approche des mouches à saumon les plus prenantes, créatures faites de tinsel, de soie et de plumes aux couleurs brillantes, sinon criardes. Quelque chose l'attire certainement ; d'autres détails produisent, eux, certainement l'effet inverse, mais on pourrait sans doute argumenter le pour et le contre jusqu'à la fin des temps sans parvenir à une conclusion. Je ne peux donc m'empêcher de sourire au souvenir d'une conversation animée avec un de mes amis, pêcheur fanatique, qui portait sur les quatre mouches qu'il nous faudrait emporter pour faire le tour du monde, si nous étions contraints d'opérer un tel choix. Dans un club de Londres, nous nous mîmes – lui, deux autres et moi-même – dans tous nos états à propos de ce choix. Fallait-il retenir des mouches pour la pêche en Ecosse plutôt que des mouches pour pratiquer dans le sud de l'Angleterre, par exemple la Silver Doctor et la Peter Ross contre la Blue Upright et la Tup ? Nous en vînmes presque aux mains. L'extrême limite de la tolérance ayant été atteinte chez chacun d'entre nous, nous convînmes, je crois, du choix suivant : Butcher, March Brown, Blue Upright, Red Spinner … chacun exigeant une Silver Doctor en cinquième choix. Ou encore une Greenwell's Glory. Puis survint la question de la taille des mouches … !

Nous étions de parfaits idiots bien sûr – comme tout pêcheur en conviendra. Un entomologiste nous aurait déclaré fous à lier.

Je soutins que la taille était l'un des points les plus importants à prendre en considération, qu'en outre, les poissons prenaient la nuit des mouches plus grosses. Parmi notre choix, y en avait-il une qui était une mouche pour pratiquer la nuit ? La bataille reprit de plus belle.

Je pêchais en Ecosse cette année-là – à Scourie, le dernier lieu habité sur la côte nord-ouest. En remontant de Londres en voiture, je prévoyais de m'arrêter pour la nuit à Dalwhinnie. Et qui d'autre arriva, tout bronzé du loch, si ce n'est mon ami, le pêcheur fanatique ? Et que tenait-il à la main ? Deux cannes de traîne ! De plus, avant qu'il puisse lui intimer l'ordre de se taire, son fier gillie déclara qu'ils avaient un moteur hors-bord pour les emmener au bout du lac et que le 'gentleman' n'avait qu'à placer deux pierres sur la section de sa ligne posée dans le bateau et qu'en pratiquant ainsi, ils venaient d'attraper une truite de six livres !

Pour couronner le tout, il transpira au cours de la conversation que le gentleman venait tous les ans et que cette truite de six livres n'était rien par rapport à certains des poissons pris par le gentleman. N'en avais-je pas vu certains, naturalisés dans la belle demeure londonienne du gentleman ? (Jusqu'à plus soif !) Il ne pêchait jamais à la mouche …

Or, comme j'ai délibérément pris le risque en commençant l'écriture de ce livre d'évoquer la pêche de poissons autres que les espèces nobles, comme diraient certains, et que j'ai fourni de nombreux exemples de poissons pris à la cuiller, ondulante ou tournante, et à la grenouille, je peux me permettre cette blague sur le soi-disant expert de la pêche à la mouche. J'imagine que mon ami savait pêcher au fouet comme un dieu s'il entreprenait de le faire, mais il était obsédé par la taille des poissons, et rien d'autre. Sur tous les murs de sa belle maison à Londres, d'énormes poissons vous regardaient. La conversation au dîner ne portait sur rien d'autre. C'était effectivement un fanatique, tellement susceptible que lorsque j'essayai ce soir-là de le taquiner en lui demandant quelles étaient les quatre mouches qu'il avait apportées, la bière elle-même sembla tourner à l'aigre à cause de son ressentiment. Ma femme et moi montâmes rapidement en voiture et poursuivîmes notre route pendant deux heures pour trouver une auberge neutre où passer la nuit.

Je ne l'ai pas vu depuis des années.

Scourie se trouve à soixante kilomètres d'une gare, bien qu'il soit difficile de croire qu'un tel endroit existe, même en Ecosse. C'est l'un de ses attraits. L'autre, c'est que tant pour la pêche à la truite qu'au saumon, Scourie vaut n'importe quel bon point de chute en Angleterre ou en Ecosse, à moins de louer un parcours pour votre usage exclusif. A l'époque où je pêchais là-bas, l'unique hôtel était géré par un ancien garde-chasse du duc de Sutherland. L'endroit était plein d'amiraux, de colonels et commandants, de fonctionnaires en retraite du Ministère des Colonies – qui tous, maudissaient la météo.

« Quel temps infect ! » entendait-on tous les matins, alors qu'un autre jour pointait, sans vent et ensoleillé, comme au paradis terrestre. Comme ils juraient ! Le langage que ces hommes employaient !

C'était l'année de la grande sécheresse. Aucun poisson n'était monté. Mais il y avait de belles truites dans les lochs. Dans l'un d'eux, qu'on ne pouvait atteindre qu'après une escalade épuisante, vivait une sous-espèce de truites que je n'ai jamais vue ailleurs. Elles avaient une robe claire, le dos presque mauve et de rares mais énormes taches noires. Leur défense équivalait à celle d'une truite d'environ deux fois leur taille, et bien que la grosse que je pris, avec de la chance, atteignît les deux livres, je pensais que ces superbes truites méritaient plus que deux fois l'escalade. Ce loch était ceint de landes vertes, mais il y en avait un autre à proximité, dont les parois granitiques et sinistres semblaient aussi oppressantes que les murs d'une prison. Je me sentais toujours un peu mal à l'aise quand je pêchais dans ce lieu. Il y en avait encore un autre en altitude, où l'on prenait des truites de dix livres, en apparence toutes cannibales, aux mâchoires retroussées de la truite ferox. Il y avait aussi une rivière, mais le duc de Westminster avait loué ce joli cours d'eau que, malgré la sécheresse, les truites de mer et saumons empruntaient pour gagner son loch. Dans les estuaires, les poissons refusaient de toucher aux mouches, devons et lançons. Et le petit loch Baddy dont l'hôtel possédait le droit de pêche un jour sur deux, semblait aussi vide de poissons qu'une baignoire.

Par quelque extraordinaire raison concernant le règlement de l'hôtel relatif au classement des clients, moi qui étais le dernier arrivé, me retrouvai dernier de la liste le premier jour certes mais en tête, et aux trois premières places à la suite du départ de trois clients le même jour. Autre coïncidence, de fortes pluies se déclenchèrent la nuit précédente. Nous entendions les ruisseaux gonfler et dévaler le flanc de la montagne. Aussi quand on me demanda, puisque j'étais le premier à exprimer mon choix, où je voulais pêcher ce matin-là, optai-je pour le loch Baddy.

Il y a d'abord une colline pentue que dévale le ruisseau depuis le loch jusqu'à la mer, puis l'étendue du lac et enfin un autre ruisseau torrentueux qui s'y jette. Les pluies avaient brutalement cessé et c'était un autre de ces jours 'infects', au soleil radieux et sans un souffle de vent. Je commençai à pêcher juste après neuf heures du matin, jusqu'à six heures précises l'après-midi, sans faire monter un poisson.

Pendant tout ce temps, le gillie et moi voyions le débit du ruisseau de montagne diminuer. Nous mesurions cela au tapis d'écume jaunâtre dont la progression tourbillonnante jusqu'au milieu du lac ne cessait de se rapprocher de nous. Nous avions tiré notre embarcation sur la rive et je me contentais de m'entraîner pour voir quelle longueur de ligne je pouvais déployer en l'air. Ce faisant, j'entendis un clic quand ma mouche frappa un gros rocher loin derrière moi. J'eus de la chance, car en rembobinant, je vis que j'avais cassé la pointe de l'hameçon.

C'était une grosse Thunder and Lightning que j'avais achetée en Irlande au vieil homme qui monte des mouches juste au-dessus de l'endroit où s'écoule le lac Corrib sous le pont de pierre de Galway. J'en fixai une autre exactement semblable. Je m'entraînais toujours en essayant de toucher ce tapis d'écume et venais de dire au gillie : « Ça y est, j'ai réussi, » quand lui s'écria : « Vous l'avez, monsieur. »

Un beau saumon argenté fusa droit en l'air en sortant de l'écume. Je le tenais effectivement.

Les choses suivantes s'étaient produites : en observant la baisse des eaux dans le ruisseau, nos esprits obtus n'avaient pas réalisé que le niveau du loch baissait également. Et maintenant, la ruée de mon saumon signalait qu'il avait l'intention de traverser le lac. Alors que nous nous escrimions à remettre la barque à l'eau, le gillie cassa une rame. Loin dans le lac, une chandelle du poisson me coupa le souffle, pensant que je l'avais déjà perdu. Une dangereuse secousse de la canne m'avertit alors qu'il était toujours au bout. Avec une rame et demie, le gillie essaya de me rapprocher de lui de façon à ce que je puisse reprendre un peu de ligne sur le moulinet. Pendant ce temps, je me souvins avec horreur, comme la journée était si ensoleillée, que j'avais fixé un bas de ligne de force 3 X. Je le dis à mon compagnon qui se contenta de répondre : « C'est dommage ... c'est un beau poisson ! »

Puis le saumon prit le fond. Il se dirigea droit au beau milieu du loch, l'endroit le plus sûr à sa disposition et s'y immobilisa une demi-heure. Je ne cédai pas au conseil du gillie de 'le tirer' ; j'avais constamment présent à l'esprit le souvenir de la truite de mer de huit livres aux îles Shetland. Je ne cessai de me dire : « C'est un problème psychologique. Prends le dessus mentalement, arrête de te dire que tu vas le perdre – dis-toi que tu vas le prendre ! »

Je réussis ainsi à garder mon sang-froid et à résister à toutes les allusions de mon compagnon qu'il était temps qu'il rentre dîner – et est-ce que je savais qu'il avait trois kilomètres de marche jusqu'à sa petite ferme après m'avoir déposé à l'hôtel ? Oui, je le savais. « Alors ... ? » Je ne répondis pas. Une heure et demie s'était écoulée, dix autres minutes passèrent. « Monsieur, dit le gillie, vous n'allez pas réussir à le faire venir, si vous ne le dérangez pas. » Je lui répondis que je sentais le poisson faiblir. Et c'était vrai, c'est une sensation trop intangible pour la traduire en mots, mais je savais que le saumon se fatiguait. Cela faisait une heure quarante qu'il sondait, même s'il n'était que légèrement bridé par la courbure de ma petite canne à truite. Et centimètre par centimètre, je le fis monter en surface. Quand il s'en approcha, il ne fit pas de saut, mais tenta à une ou deux reprises de filer, le dos presque hors de l'eau. Il se tourna ensuite une fraction de seconde en montrant le flanc. Puis il se mit à tourner lentement en cercles de moins en moins vigoureux. « Maintenant, dis-je avec fermeté au gillie, je vais le faire passer devant vous – n'essayez pas de ramer vers lui – gardez votre rame et demie dans la barque, mais quand il va arriver à votre hauteur, gaffez-le ! »

Je l'amenai devant lui. Le gillie défia toutes les lois de l'équilibre en se penchant si loin en avant que seules ses bottes semblaient encore dans le bateau. Un choc, suivi d'un raclement, et d'un autre choc : le saumon se débattait sur le caillebotis de la barque.

C'était un saumon frais, avec encore des poux de mer. Il faisait quatorze livres et demie. Je sais, ce n'était pas un monstre et il m'avait fallu une heure quarante-cinq minutes pour le mettre au sec. Mais un saumon de la côte ouest n'atteint pas la taille de ceux de la côte est. Celui-là avait été capturé sur un matériel léger, même pour des truites de mer de belle taille. En tout cas, je l'avais. Même le gillie se réjouissait, peut-être parce qu'il savait qu'un bon pourboire l'attendait.

Et ce soi-là, un amiral envieux, secouant la tête en pensant à ma chance, m'offrit cordialement un verre. « Bon sang, dit-il, je suis content de voir quelqu'un prendre un saumon ! » Ce qu'il aurait pu exprimer différemment.

Deux jours plus tard, on m'attribua le loch à nouveau. Mais cette fois, en m'approchant pour monter dans la barque, je vis qu'un homme pêchait dedans au milieu du lac – et il portait un kilt. « Le frère du laird ! » m'avertit le gillie d'une voix rauque. Que le frère aille au diable, l'informai-je, c'était ma journée sur le loch. Alors je poussai des cris plutôt grossiers. Un petit Ecossais très poli rama jusqu'au bord – il était seul dans l'embarcation – exprima sa déception qu'une erreur avait été commise, mais … regarda le loch et votre serviteur avec envie ! « Cela ne vous dérangerait peut-être pas, suggérai-je, si nous pêchions tous les deux. Moi, ça ne me dérange pas. »

« Oh bien sûr, bien sûr ! dit-il, montez. »

Mais il conserva le siège avant. Nous passâmes alors une matinée très intéressante (mais éprouvante). Le gillie savait où était son intérêt, je n'étais qu'un étranger de passage et l'autre était le frère du laird. Il devait donc ipso facto lancer en premier sur tout poste prometteur. Le temps passait. Le vent se mit à forcir. Cette fois, j'avais un solide bas de ligne en 2 X, j'étais paré à toute éventualité. Cette fois, c'est moi qui observai le petit commandant, car tel était son grade, retirer la mouche de la gueule d'un gros saumon à deux reprises. Il ferra au 'bouillon' – ce qui ne signifie pas toujours que le saumon a pris la mouche. Très souvent, un saumon la manque. Après une dernière tentative pour prendre ce même poisson, qui sortit de l'eau la gueule ouverte, je suggérai humblement de tenter ma chance. Le commandant dit en rougissant (après tout c'était sa passion seule qui l'avait amené à oublier ma présence) : « Bien sûr ! Bien sûr ! Jock, tourne la barque de côté. »

Dieu merci, le saumon était toujours là. Il s'empara de ma Thunder and Lightning au premier passage. Alors nous dérivâmes dans le lac, parmi de dangereux blocs – car le vent était maintenant très fort – le commandant poussant l'épuisette vers le poisson ! Je le vois encore, le derrière couvert du kilt, se pencher autant qu'il le pouvait à l'avant en criant : « Avance, Jock, avance ! Mon Dieu, mon ami … ah, le voilà reparti ! »

Au bout de cinquante minutes de ce manège, j'amenai de nouveau le saumon à sa portée. « Gaffez-le ! » dis-je. Il fut gaffé. Ce poisson était également tout frais et brillant ; il venait de monter et accusait dix livres et demie. Et l'amiral ne m'offrit pas un verre ce soir-là.

Deux jours plus tard et encore une fois, on m'attribua le loch. La sécheresse se faisait alors cruellement ressentir. Tous les poissons montés dans le loch s'étaient maintenant engagés dans le ruisseau qui baissait de jour en jour, nous en étions certains. Rien ne bougeait. J'avais emmené ma belle-mère dont le mari décédé avait été un ardent pêcheur. Elle avait beaucoup vu pratiquer la pêche à la mouche, mais jamais un pêcheur américain pêcher au lancer ; et elle me demanda de lui faire une démonstration.

Je pris la Duplex (canne mixte lancer/mouche) que m'avait fabriquée Hardy à partir de la vieille Abbey & Imbrie. J'enlevai les deux brins du haut, fis glisser les bagues porte-moulinet en aluminium de sorte que le moulinet quadruple était fixé au-dessus de ma main, et emboîtai un court scion raide sur le premier brin. Puis j'attachai un devon plat argent/or de cinq centimètres au bas de ligne et demandai au gillie de me positionner à une courte distance, mais pas trop près, d'une touffe de roseaux qui poussaient le long de la rive, et effectuai mon premier lancer. Heureusement, bien que la souple soie tressée fût encore sèche, je ne fis pas de perruque. Je commençai à ramener le devon, et fus surpris par la lourde tape d'une violente attaque.

J'épuisai ce saumon de six livres en huit minutes trente. Le devon, qui remontait sur le bas de ligne et retombait en le frappant sur le nez – l'effrayait manifestement au point de lui enlever toute velléité de lutte. Et cette fois, en rentrant à l'hôtel, et alors que les habituels curieux examinaient le poisson posé par terre, quelqu'un demanda avec amertume : « Et vous avez pris ça avec quoi ? » « Un devon de cinq centimètres, » répondis-je.

Ce soir-là, personne ne m'offrit à boire. La haine s'était installée. La sécheresse aussi. Un homme, celui qui avait pris la plupart des saumons l'année précédente, resta pêcher toute la nuit afin de redorer son blason, mais en vain. L'un de ces hommes, venu du Nigeria, lorsque je le revis plus tard cet hiver-là au Café Royal de Londres, s'approcha de ma table avec un large sourire en déclarant : « Sacré veinard ! Personne n'a pris un saumon de tout le reste de la saison ! »

Il ne faut pas beaucoup de temps pour se rendre compte que le gillie doit être traité avec tact, mais fermeté. Les locaux en savent toujours plus que vous. Par ailleurs, bien qu'il puisse être assez malin pour ne pas le montrer, votre présence déplaît au gillie. Vous n'êtes qu'un 'étranger' qu'il guide, et ceci, malgré le fait que la plupart d'entre eux ne sauraient pas étaler une ligne droite sur l'eau, qu'ils utiliseraient une ligne aussi épaisse qu'une corde de toute façon et qu'il y a autant de souplesse dans leurs poignets épais que s'ils lançaient à l'aide d'une perche de corde à linge. Je ne succombe pas à la philosophie des locaux.

Le gillie assez jeune que j'avais à Scourie brisa le scion de l'une de mes cannes (une belle canne Hardy en deux brins) en essayant de lancer un devon avec, alors que j'étais loin de lui, occupé à pêcher sur la rive opposée. Dans une fosse pleine de blocs rocheux, à peine plus grande qu'une salle de bain normale, dans laquelle nous observions quatre gros saumons se demander s'ils allaient monter ou non, il voulait en gaffer un. Avec les piqûres blanches des taons qui apparaissaient sur tout mon corps, mon humeur n'était pas des plus agréables. J'avais remarqué que chaque fois qu'on passait sur un petit pont de pierre en rentrant, il me demandait toujours d'arrêter la voiture, et sortait pour aller regarder quelque chose sous l'arche du pont. Un soir, quand il sortit de la voiture, je vis qu'il tenait une gaffe télescopique à la main. Il courut au pont, et avant que je puisse l'arrêter, j'entendis des éclaboussements d'eau – et un beau saumon de dix livres gisait sur l'herbe.

« Ça fait des jours que je le surveillais ! » dit-il.

« Et maintenant, qu'allez-vous faire avec ? » lui demandai-je. « Vous ne pouvez pas le remettre à l'eau, vous l'avez transpercé avec la gaffe. »

« Il est pour vous, » me dit-il.

« Non, pas pour moi. »

« Eh bien … monsieur … »

« C'est votre poisson … » dis-je.

Maintenant il était bien embêté, et cela me faisait plaisir. L'ancien garde-chasse qui s'occupait de l'auberge savait bien si l'un de 'ses hommes', comme il les appelait, attrapaient un saumon illégalement. Les commérages vont vite dans ces régions. « Vous ne pouvez pas le remettre à l'eau, vous l'avez bousillé, » insistai-je. « Vous l'avez tué, vous devez l'emporter chez vous. »

Le gillie me regarda d'un air furieux. « Je vais avoir des ennuis, » grogna-t-il. Je lui répondis que c'était probable. « Mais je vais vous dire ce que je vais faire, dis-je, vous n'avez pas besoin de venir avec moi à l'hôtel. Je vais vous déposer en chemin, et vous pourrez prendre un raccourci par les collines pour rentrer chez vous. A votre place, je cacherai ce saumon sous ma chemise. »

Le lendemain, le gillie fut nettement plus réservé – presque jusqu'au déjeuner.

Il y avait aussi le vieux Tom sur les lacs de Killarney. Je vivais au château de Flesk, chez l'un des Macgillicuddy dont les montagnes, les Reeks, portent le nom de cette vieille famille irlandaise. Tom était paresseux. Lorsque je voulais pêcher dans l'embouchure de la rivière, la Flesk, il disait toujours que 'c'était trop tôt pour la truite là-bas'. Finalement, j'informai l'hôtel de pêche que j'irai sans Tom. Le lendemain, je trouvai la barque à mon arrivée, mais pas les rames. Le gérant de l'hôtel me dit que c'était le vieux Tom qui les possédait. J'obtins des rames. L'après-midi, je revins au bateau, mais il n'y avait pas les dames de nage ! Tom avait eu vent que j'avais trouvé des rames. Alors j'improvisai des dames de nage dans la branche d'un jeune arbre, encore vert. Bien entendu, il fallut que le vent se lève et que mes dames de nage se gauchissent. Je me traînai ainsi sur tout le lac. Puis je forçai Tom à m'emmener à l'embouchure de la Flesk. Mais je dus le rabrouer pour qu'il obéisse.

Là j'attrapai onze belles truites ; toutes avaient la chair presque aussi rose que celle du saumon car elles se nourrissaient des écrevisses abondantes. Même Tom montra de l'enthousiasme.

« Alors, dis-je, c'est trop tôt dans la saison ? Comment expliquer ces truites dans ce cas, Tom ? »

« Ah … c'hest shûr … moi-même, j'en ai pris ici … avant la Saint Patrick ! »

Et quand je lui dis un jour en admirant la beauté presque surnaturelle des lacs : « Vous avez de la chance, Tom, d'habiter dans un cadre pareil ! », il se contenta de renifler et répondit : « Ah, c'hest shûr – je le vois tous les jours. »

C'était un saumon frais, avec encore des poux de mer

V

A moins d'une heure de Londres. Séjour aux Hébrides. Murdo McDermid.

Mon travail de correspondant de presse me tint éloigné de l'Angleterre pendant les six années précédant la dépression de 1930. Je ne passai pas plus de six mois dans le même pays au cours de ces six ans, à l'exception d'une année en Russie soviétique. Mais mon travail me mit en rapporte étroit avec le Ministère des Affaires Etrangères britannique, où officiait un homme qui connaissait bien les îles Hébrides où j'avais pêché deux fois, et qui était aussi membre d'un club de pêche à Uxbridge, à seulement quarante minutes en voiture de Londres. Bref, le dernier endroit sur terre où l'on songerait à attraper un gros poisson.

C'est un club privé dont les membres, je crois, sont pour la plupart employés au Ministère des Affaires Etrangères. Pendant la saison de la mouche de mai, il est interdit d'amener un invité, du moins pas avec sa canne. Il peut se servir de la vôtre, si vous souhaitez faire preuve d'une telle abnégation. On m'y invita à pêcher un samedi après-midi pendant les émergences de mouches de mai. Je prétextai une obligation, à savoir que l'un des secrétaires de l'ambassade de Russie avait été invité à déjeuner chez moi. « Débarrasse-toi de lui,' me répondit cet Ecossais du Ministère. « Ce n'est qu'à quarante minutes en voiture. Je t'attendrai vers trois heures. »

Je m'y rendis. Il se produisait une fantastique émergence d'insectes. Mais, à part plusieurs ombres (que je dus remettre à l'eau), je ne touchai aucun poisson. Puis je vis mon ami qui me hélait depuis un autre bras de la rivière. J'enjambai deux clôtures en barbelé et m'approchai. Il pointa le doigt en direction de la rivière : « Il y a un poisson qui gobe sous ces ronces tombantes là-bas. J'ignore sa taille. Essaie. »

J'essayai. Je fis bien une vingtaine de lancers, en tentant de poser la mouche sur l'eau pour qu'elle dérive sans siller sous les ronces.

« Bien, dit mon ami, ça devrait être juste … »

Il se produisit une aspiration et je ferrai. Aussitôt, nous vîmes tous les deux qu'il s'agissait d'un gros, d'un très gros poisson, pour cette partie du monde. « Mets-le dans l'épuisette, m'étranglai-je, alors que le poisson fonçait droit dans une racine, il n'est pas question de s'amuser avec celui-ci ! » Je l'amenai en force et il glissa adroitement l'épuisette sous lui … une truite arc-en-ciel de deux livres et demie gisait sur la berge.

« Eh bien, où diable avez-vous pris ce poisson-là ? » C'était la voix d'un homme, qui s'avéra être le propriétaire de la rivière qui traversait son domaine, « Ce devrait être un record. »

Je crois bien que ça l'était. En tout cas, c'était le poisson le plus merveilleusement proportionné que j'ai jamais vu. Nous convînmes tous au club qu'il était absolument parfait. C'était également, je crois, le record pour le club – en tout cas, vous le verrez mentionné dans leur livre d'or. C'était donc un samedi et la truite passa la nuit et le dimanche dans la glacière du club St James. Le lundi matin, je l'emmenai au magasin Hardy où chacun admit sa perfection. Ils en firent un moule qui aujourd'hui, est accroché au-dessus de mon bureau.

« C'est toujours la même chose ! » déclara mon ami du Ministère avec un sourire triste. « Le pêcheur de passage prend toujours le plus gros poisson. »

Vous voyez, même ce 'record' ne me fait pas mentir.

Pour mes longs congés ces années-là, je passai deux mois de pêche en septembre dans les îles Hébrides. Nous dépassâmes les îles Rum, Mull et Eigg dans notre petit vapeur. Nous nous dirigions vers les trois lochs sur l'île de Harris, au-dessus de Tarbert. Et la deuxième fois, ma quête me conduisit directement à Murdo McDermid. Le prince de tous les gillies, le compagnon idéal.

« Je ne sais pas ce qui fait mordre les truites de mer – ou ce qui les fait s'arrêter si soudainement » méditait Murdo McDermid, un homme trapu au visage hâlé. « Elles me déconcertent. »

Il y a là-bas trois lochs qui s'étagent comme des paliers. Le premier est tout en longueur et peu profond, et les poissons l'atteignent après avoir franchi une dénivellation incroyablement raide depuis la mer. Le suivant, circulaire et de faibles dimensions, comporte deux ou trois îlots très productifs en son milieu. Le troisième, long, très long, remonte entre les hautes collines vertes et dénudées jusqu'au ruisseau d'amont. Les trois sont différents. Les pêcheurs doivent tourner sur les parcours, et seule la mouche est autorisée. Pas de cuillers à Tarbert. Tous les matins, quand je regardais Murdo McDermid quitter sa petite ferme et descendre sur le sentier qui longeait le long loch, je savais qu'une superbe journée nous attendait – même si les truites de mer étaient difficiles.

Presque tous les jours, des finnocks de trente centimètres, certains un peu plus gros, se mettaient en activité aussi soudainement qu'un nuage vient cacher le soleil. Puis ils s'arrêtaient. Plus un poisson. Je pensais souvent que c'était l'effet des nuages qui les calait. Je ne sais toujours pas ce qui en était la cause. Mais quand ils étaient en activité, on en prenait sans arrêt, en fonction du temps nécessaire pour les maîtriser et les mettre à l'épuisette. Surtout sur une Peter Ross. Puis on remontait la rive droite du loch, en prospectant chaque secteur ou promontoire rocheux propice, dans la longue traque d'une grosse truite de mer.

Par une telle journée, alors que le vent et la pluie fouettaient l'eau du lac, Murdo McDermid déclara : « J'essaierais la Teal and Green, monsieur, à votre place. Je ne sais pas pourquoi, mais j'ai dans l'idée que ça devrait leur plaire. »

Alors j'enlevai les mouches rouges et fixai les Teal and Green. Je possédais ce modèle mais n'avais jamais eu beaucoup de chance avec. Nous pêchâmes jusqu'au bout du lac sans toucher un poisson. Nous vîmes quelques gros poissons, des saumons, se manifester à l'embouchure du ruisseau tourbeux, attendant de s'y engager. Je les couvris par un long lancer. Au deuxième ou troisième essai, je piquai un poisson.

Une chose très inhabituelle se produisit alors. Ce saumon, qui n'était pas très gros – il ne faisait que sept livres – refusait de venir en surface ou de sauter, mais sous l'eau se défendait comme une furie. Il m'arracha presque toute ma ligne une demi-douzaine de fois. Et à plusieurs reprises, je l'amenai si près que le bas de ligne sortait de l'eau, mais à chaque fois, il replongeait vivement. « C'est un saumon vraiment spécial ! » dit McDermid.

Puis nous vîmes la cause de son comportement : une petite truite s'était prise à la mouche intermédiaire. Cette truitelle faisait un raffut juste au-dessus de la tête du saumon à chaque fois qu'elle se voyait attirée vers la surface pâle. Et cette agitation au-dessus de lui, qui se produisait quand l'eau commençait à s'éclaircir, poussait le saumon à replonger.

Nous pêchâmes dans les îles. Lors de ma dernière journée à Tarbert, j'avais prévu qu'une voiture vienne me chercher au loch pour me conduire à toute vitesse jusqu'au quai où j'avais déjà expédié mes bagages, pour embarquer sur le petit vapeur.

Mais par bonheur, ce fut ma meilleure matinée de pêche à Tarbert. Je pêchais dans le premier loch et avais déjà pris deux truites de mer de deux livres, et en tenais une troisième d'à peine quatre livres, quand j'entendis des braillements venant de la voiture garée sur la rive. Le chauffeur criait avec animation et gesticulait. J'agitai le bras en indiquant la ligne qui zigzaguait dans l'eau. « Le bateau s'en va ! Il faut venir ! » cria-t-il.

Eh bien, il n'avait qu'à partir, et s'en aller au diable. Je me préparai à une bagarre d'au moins dix minutes supplémentaires – le klaxon émettant maintenant un hurlement interminable, comme le râle d'un moribond – et je pris le poisson. Ramant aussi vite que possible en direction du rivage, je pliai mes cannes tandis que la voiture fonçait à destination du quai. Le vapeur larguait juste les amarres, et mon épouse essayait de le retenir presque physiquement, en lançant des regards désespérés. Quand nous montâmes la passerelle en courant, il lança un coup de corne et s'écarta du quai. Le capitaine, prêt à me faire des remontrances, arriva dès que le bateau fut en eau libre, mais en voyant le poisson, un large sourire éclaira son visage et il dit : « Eh bien … Ça valait peut-être la peine d'attendre celui-là. »

Nous pêchâmes à Uist, ne prenant qu'un seul gros saumon qui avait beaucoup de rivière. Et en chassant la bécassine là-bas, avec un vent fort, j'en manquai tellement que je préfère ne pas y penser. J'étais trop anxieux. Puis nous montâmes dans une charrette pour traverser à marée basse les bancs de sable et l'étendue d'eau peu profonde pour pêcher à Benbecula – c'est la seule façon de se rendre sur cette île – tandis que les eaux vertes de l'Atlantique se précipitaient entre les solides roues jusqu'au-dessus du moyeu.

Le porridge de Mrs Macaulay est à juste titre célèbre à Benbecula. Elle le cuit toute la nuit. Son fils, en kilt, tient le bar de ce minuscule pub isolé. Quand il a entamé son stock, il vous fera une démonstration de la danse du sabre. Tous les garçons sur ce petit paradis semblaient s'appeler Charles Edward, et les filles Flora MacDonald … depuis l'époque du Jeune Prétendant (1) et de la première Flora MacDonald qui l'avait caché, habillé en femme. Il y avait tellement de femmes qui répondaient à ce nom de Flora MacDonald dans notre petit hôtel qu'on les connaissait sous le nom de 'la Flora de la salle à manger', 'la Flora de l'étage' et 'la Flora de la cuisine'. Et à quels petits déjeuners nous avions droit ! – agrémentés des champignons que nous cueillions sur le gazon et rapportions. Mais Benbecula, en ce qui me concerne, ne se montra pas bonne pour la truite. Alors je traversais à marée basse jusqu'aux îlots proches, tout comme les paysans qui y faisaient pousser du blé rentraient le soir en marchant dans l'eau, et allais tirer les canards. Allongé contre une meule de foin, je les tirais en écoutant un îlien me dire qu'il ne pouvait pas me parler « parce que vous ne connaissez pas le gaélique ! » Et quand je lui demandai s'il avait les mots pour décrire par exemple, la couleur de cette île lointaine qui s'empourprait au coucher du soleil, il se contenta de rire : « Je ne pourrais pas vous la décrire en anglais. Cette langue est trop pauvre ! »

La route de Benbecula

Par contre, il savait quoi faire de ma flasque de whisky. Une fois,alors qu'il me la rendait, et que je la laissai tomber pour tirer un canard qui passait (et que je manquai), il contempla d'un air malheureux le liquide renversé.

« Ça, c'est vraiment une chose terrible ! » dit-il.

A South Uist, nous arrivâmes au rivage et vîmes la véranda de l'hôtel littéralement pavée de truites de mer. On nous dit que la moyenne pondérale cette année-là était de deux livres et demie. Cela se passait sur le célèbre loch Boisdale, peut-être la meilleure pêcherie à truites de mer des Iles Britanniques. Mais on nous rappela que nous ne pouvions pas y pêcher car tous les parcours étaient loués.

« Qui plus est, dit le propriétaire avec un plaisir presque sadique, vous pourrez pas y pêcher la saison prochaine car tout est réservé. »

Mais, étrangement, c'est un lieu où je ne souhaite pas retourner. La pêche semblait presque un commerce là-bas. C'était trop bien organisé. Pourtant, si vous voulez être sûr de prendre un grand nombre de belles truites de mer, c'est là-bas qu'il faut aller.

VI

Six années d'errance. Voyages en Irlande – et pêche politique. A cheval dans le Caucase. Pêche aux sources de la Kuban. Un ermite anglais à Moscou. Frontières inhospitalières sur le Danube.

Ces six années où je ne passais pas plus de six mois dans le même pays, où je vivais dans les wagons-lits et les hôtels chics et moins chics, où je me débattais entre les douaniers, concierges et chancelleries étrangères autour du monde et où les seules choses ou presque qui me rattrapaient jamais étaient les factures, furent des années où j'eus peu d'occasions d'aller à la pêche. Pourtant je veillai à ce qu'elles me fournissent précisément ce plaisir. Je crois qu'on n'apprend pas à connaître un pays en restant dans la capitale à rien faire – j'avais passé quatre mois à bourlinguer dans les régions reculées d'Espagne avant d'aller voir Primo de Rivera à Madrid – et pratiquer avec les pêcheurs au filet traînant des îles Shetland ou à Stornoway dans les Hébrides m'en avait plus appris sur l'état de l'industrie du hareng en Grande Bretagne que je n'aurais retiré d'une visite au Ministère à Londres. Donc je suggérai à mon journal que ce serait une bonne chose de faire le tour de l'Irlande – l'Etat libre et l'Ulster – dans ma petite voiture au capot arrondi. Ainsi les Irlandais des Etats-Unis pourraient recevoir des impressions de première main sur l'état de leur pays natal à ce moment-là. Mon journal, avec clairvoyance, sauta sur l'occasion.

Ce n'était pas ma faute si les courses de chevaux de Punchestown se déroulaient à Naas, ou bien que l'hôtel Shelbourne à Dublin était rempli de la plus joyeuse bande de pêcheurs sur terre, ou encore que je subis de lourdes pertes aux courses. Pris de remords, je quittai le luxe de Dublin et braconnai dans tous les cours d'eau que je pus, en remontant en voiture la côte ouest de l'Irlande. Dans le Connemara et dans le pays de Joyce, j'obtins ainsi des informations utiles sur la politique irlandaise (mais étonnamment peu de poissons). A Dingle, j'ajournai mon voyage de quelques jours pour aller chaluter dans la baie de Bantry avec les pêcheurs irlandais. J'étais logé chez le capitaine du petit Immaculée Marie et le soir, lui et sa femme me parlaient des effets produits par les gros chalutiers à vapeur sur tous les petits villages de pêche en Irlande. « Ils nous ruinent ! » disait le capitaine O'Flaherty. « Notez bien, ajoutait son épouse, que sans les envois de fonds venus d'Amérique, c'est sûr que Dingle même ne serait plus là ! » Pendant tout le trajet sur le 'nobby' (1) jusqu'aux zones de pêche, le vieux John restait agenouillé dans notre cabine, à prier et à réciter son chapelet, afin de nous porter chance et atténuer l'épreuve physique qui l'attendait. Car c'était un vieil homme, il était pendu comme en crucifixion à l'aussière de halage pour remonter le chalut. Le dernier jour, alors que le brouillard tombait, nous devinâmes la grande masse grise d'un paquebot transatlantique qui cherchait sa route dans l'obscurité et signalait sa présence par des coups de corne de brume.

Il pleuvait sans cesse, et le vieil homme à la barre attendit d'être trempé comme une soupe avant de passer son ciré jaune. « Bah, dit-il, je connaissais un homme, de Galway qu'il était, qui pêchait tout nu. Il enlevait ses vêtements et s'enfilait dans un sac percé de trous pour les bras et les jambes. »

Chargé par le New York Sun d'écrire quelques articles sur le Sinn Fein (2) en 1919, je me servis délibérément de ma canne à truite pour camoufler mes intentions. A Killarney, je demandai à Mr O'Sullivan, le boucher, de m'orienter. Où, à son avis, était le meilleur coin de pêche ? Y avait-il des rivières à proximité ? Il m'emmena dans sa voiture et se mit à disserter sur la truite.

« Sujet délicieux ! » dit Mr O'Sullivan. « Tellement rempli de contradictions. »

« Etes-vous l'un de ces pêcheurs qui ont toutes les mouches du monde dans leur portefeuille ? Ou bien, demandai-je, tentez-vous votre chance avec six ou sept modèles ? »

Mr O'Sullivan arrêta la voiture. « Je suis de la dernière école. Et je vais vous dire pourquoi ... »

« Est-ce vrai, demandai-je, que certains des gars du coin allaient tendre une embuscade à un camion anglais en route vers le col de Dunloe hier – seulement, les Anglais ont pris la mauvaise route par erreur ? »

« C'est vrai ! Et comment diable avez-vous entendu parler de ça ? Remarquez bien, ce n'étaient que des Black and Tans (3), ça n'aurait pas été une grosse perte. »

« Je crois que j'ai dû passer juste devant les gars en embuscade. »

« Eh bien certainement si vous avez pris la route là-bas pour le col de Dunloe. Ils ont attendu toute la journée. Les Anglais prennent toujours la mauvaise route. »

« J'ai eu de la chance. »

« Ce n'était pas la chance. Le Commandant était avec vous. Personne ne touchera à lui. Et dites-lui bien, au Commandant, que nous ne laisserons pas non plus aucun des types du Sinn Fein de Cork rappliquer et réduire Flesk en cendres. »

« Vous vous réservez l'incendie de cette ville ? »

« Honte à vous ! Le Commandant est unioniste, nous le savons mieux que lui. Mais ce n'est pas un propriétaire absentéiste. (4) Mais dites-moi, ajouta-t-il d'un air soupçonneux, je croyais que vous parliez des truites ? »

« Personnellement, m'empressai-je de répondre, je pense qu'une canne de 9 pieds 3 est bien assez longue. Et une canne en deux brins vous donne une meilleure action, n'est-ce pas ? »

« Oui, c'est vrai. Mais vous n'allez pas transporter une canne en deux brins en voiture. »

« Non, on ne peut pas emmener une canne en deux brins avec soi en voiture. Et encore moins en train ! Est-ce que l'IRA s'entraîne beaucoup dans les parages ? » (5)

« Je vais rentrer maintenant, dit Mr O'Sullivan, ce ne sont pas du tout les truites qui vous intéressent. »

En 1925, quand les Roumains choquèrent le monde par le massacre organisé des Russes qu'ils incitaient à fuir en traversant le Dniestr (et qu'ils tuaient alors qu'ils traversaient la rivière en direction de Kichinev), je me rendis sans autorisation en Bessarabie. Je vécus en compagnie de quelques Russes, pêcheurs d'esturgeon, dans les marais gelés du delta du Danube, dormant dans leur hutte d'argile installée sur leur four en terre réfractaire. Le paysan russe fait preuve d'un courage outrancier quand il est question de s'exprimer, il dit tout ce qu'il a sur le cœur si c'est un grief, même s'il sait qu'il pourrait lui en coûter la vie. Et je dus presque forcer ces gens à se taire quand ils commencèrent dans un flot de paroles à me raconter ce qu'ils savaient du massacre des Tartares qui venait de se dérouler à Bunar. A cette époque la terreur régnait en Bessarabie.

Mais pour les amener à ce stade d'intimité où ils commenceraient à s'exprimer, je dus au préalable aller pêcher l'esturgeon avec eux dans leur lodka noire à voile au milieu des vagues jaunes, hachées, de la mer Noire. Les journées étaient si froides que je pensais que ma colonne vertébrale allait se transformer en colonne de glace. Ils attrapaient les esturgeons à l'aide de longues lignes au bout desquelles des hameçons étaient disposés comme un râteau à l'entrée de l'embouchure du Danube, sur des hauts-fonds. Quand l'esturgeon, en remontant à tâtons sur le fond, butait sur cette obstruction, il se déplaçait d'un coup, et l'instant d'après, se retrouvait cloué dans un tourbillon d'hameçons. Alors ces trois pêcheurs hissaient ce poisson presque aussi grand qu'un homme à bord de leur bateau noir, recouvert de glace. N'oubliez pas, l'esturgeon possède sur les flancs des plaques osseuses pareilles à un blindage, et une tête solide comme le roc. Il est ainsi bâti pour affronter les rochers du fond sur lesquels il doit progresser contre les courants puissants. Les hameçons, de fabrication norvégienne, comportaient une pointe acérée. En vérité je peux dire que j'ai rarement fait de ma vie une expérience plus terrifiante que de voir ces hameçons projetés autour de ma tête, tandis que l'esturgeon se débattait en tous sens dans l'embarcation.

Les sentinelles roumaines, baïonnette au canon (avec une pointe, elle aussi, acérée) nous défiaient de tous les endroits du marécage où le terrain était assez ferme. Mais le froid était si mordant qu'ils n'enlevaient pas leurs mitaines pour vérifier nos papiers. C'était une bonne chose pour moi car je n'en possédais pas.

Ces pêcheurs persécutés devaient 'vendre' leurs esturgeons au Contrôle des Pêches' – horrible administration de corruption gouvernementale – et le gros poisson fut dûment porté au marché de Wilkowo. Mais un plus petit passa tout l'après-midi à marcher, découpé en petits morceaux, dans les poches et au fond des bottes des pêcheurs ! Ce soir-là, nous en fîmes une généreuse soupe rouge que nous dévorâmes à l'aide de la même cuillère de bois. Le savoir-vivre exigeait de bien lécher la cuillère avant de la passer. Nous bûmes ce qui restait de vodka, et ils exhibèrent soudain du vin rouge dans une théière bleue. La hutte fumait. La glace émettait des grondements et craquements dans les marécages éclairés par la lune. Le lendemain, ils m'emmenèrent en bateau sur la mer Noire, vers le sud, où l'on m'arrêta à Sulina. Mais leur histoire avait corroboré l'article sur le terrorisme d'état que j'avais composé depuis mon départ de Bucarest. Plus tard, je télégraphiai de Constantinople, sans jamais faire allusion à ces courageux pêcheurs d'esturgeon. Ce fut l'esprit satisfait, lors de ma dernière soirée en leur compagnie, que je m'étendis sur leur four à la chaleur bienfaisante, pour rêver au puissant esturgeon aux yeux froids de pierre de lune qui remontait le Danube à tâtons.

L'agence qui publiait mes articles dans divers journaux découvrit que c'était ce qu'on voulait lire aux Etats-Unis. On était fatigué des politiciens. Et donc, quand je demandai pendant l'hiver 1928-1929 si je pouvais traverser le Caucase à cheval au printemps suivant, mon rédacteur en chef sauta sur l'idée. « Raconte-nous comment vivent les gens, » dit-il.

Du point de vue de mon journal, la série d'articles qu'on m'avait chargé d'écrire consistait en récits relatifs aux étranges tribus lointaines que la marche de l'Histoire avait oubliées dans presque toutes les vallées du haut Caucase. Pour Wicksteed et moi-même, cela consistait en semaines de déplacements à cheval dans les montagnes enneigées (de fait, pendant trois semaines au cours de cette période, nous ne vîmes pas une seule route). Cela consistait à vivre presque entièrement d'expédients et à compter sur nos propres ressources, à dormir sous une tente que j'avais conçue, faite d'un tapis de sol et de deux sacs de couchage, à cuisiner nos propres repas selon notre fantaisie, et non celle d'un autre. « Et ça veut dire aussi, affirmai-je à ce vieux barbu de Wicksteed, certaines des plus belles truites de neige du Caucase. Nous devrions vivre bien, ce printemps. »

Wicksteed était un Anglais qui s'était retrouvé en Russie soviétique en 1924 avec le fonds de secours quaker lors de la terrible famine le long de la Volga. 'Wicker' avait été témoin de cannibalisme. Et ce qu'il vit en Russie – l'incroyable générosité du peuple russe – le décida à faire sa vie là-bas. On peut trouver une bonne partie du voyage que je vais maintenant décrire dans son livre *La vie sous les Soviets* par Alexander Wicksteed.

Mais ceci est un livre de pêche et je ne peux pas m'appesantir sur le bonheur de ces journées passées dans le Haut Caucase. Un détail le rend particulièrement intéressant, le fait que les peuplades étaient si différentes, même dans des vallées proches, qu'on ne pouvait persuader un habitant d'une vallée de se rendre dans la vallée voisine. Cela nous contraignait constamment à procéder à des changements, à obtenir de nouveaux relais pour les chevaux. Pendant que nous attendions, parfois un ou deux jours, avant de nous procurer deux chevaux pour poursuivre notre chemin, je pêchais toujours dans les cours d'eau qui descendaient dans chaque vallée. Ils semblaient parfaits pour la truite, mais pendant des semaines, il me fut impossible d'en faire monter une à la mouche. Et la canne Abbey & Imbrie (qui rendit l'âme lors de ce voyage) faillit me faire tomber plusieurs fois au fond d'un précipice quand son étui en bois, à rainures, accrochait une fois encore un rocher en saillie alors que j'essayais de faire avancer mon cheval sur une étroite bordure.

L'hospitalité des peuples primitifs est très semblable dans le monde entier, et presque toujours spontanée. Quand nous faisions la rencontre d'une peuplade, on nous offrait invariablement du lait, du pain et leur fromage sans saveur comme s'il s'agissait presque d'une cérémonie coutumière. En revanche ces peuplades répugnaient à se nourrir de leurs moutons ou de leur bétail car ces bêtes étaient les symboles de la richesse de leurs propriétaires, et de leur statut social. Les primitifs, quand on en vient aux choses sérieuses, sont beaucoup plus matérialistes et 'capitalistes' que dans le monde sophistiqué. Comme nous ne suivions pas un régime végétarien, Wicksteed et moi achetions un mouton tous les trois jours, quand c'était possible. Nous le grillions, empalé sur des baguettes de bois, au-dessus de notre feu de camp, en recourant aux mêmes méthodes que les cosaques et les montagnards utilisaient depuis des siècles : un morceau de viande, puis un morceau de gras, et ainsi de suite jusqu'à remplir une brochette entière. Cela porte le nom de 'shaslick' si on l'achète à Londres, mais à Londres, on rajoutera rarement la crème fermentée qui, une fois étalée sur la viande grillée, lui donne cette saveur forte si appétissante. Mais pas un seul poisson pendant des semaines !

La raison principale était que notre périple s'effectuait sous des pluies abondantes, aussi les cours d'eau ressemblaient-ils davantage à des éclusées d'eaux grisâtres qui souvent, emportaient des blocs de bonne taille. Il y avait presque autant de rochers que d'eau à descendre des glaciers, et il est douteux qu'une truite ait pu voir une mouche.

Puis un soir, nous débouchâmes sur un éperon montagneux où les rapides rivières Teberda et Kuban se rejoignent pour former finalement la longue rivière qui paresse à travers les steppes cosaques. Le mont Elbrous qui culmine à plus de 900 mètres de plus que le mont Blanc, s'étendait derrière nous, sa cime enneigée luisant comme un flamant au crépuscule. Il y avait près de deux cents kilomètres de neiges et glaciers ininterrompus entre ses deux mamelons et la ville de Kazbek. En selle sur mon cheval, mes yeux étaient encore remplis du tonnerre du précédent coucher de soleil, un tonnerre d'émotions qui avait grondé en moi devant le panorama des soixante-quinze kilomètres de neige dont l'étendue, à perte de vue, passait par toutes les teintes roses et indigo à mesure que la nuit tombait.

Maintenant s'étalait à mes pieds la confluence de ces deux rivières, la Teberda glaciale et grise, et la Kuban d'un vert bouteille éclatant.

Là où elles se rejoignaient, elles coulaient en formant deux bandes de couleur parallèles avant de fusionner dans une gorge pleine de rapides à trois kilomètres environ de l'endroit où nous étions sortis de la forêt de pins. Je pêchai dans cette gorge le soir et pris sept truites. Par le plus grand des hasards, car ce fut moi qui les déposai sur les cendres et les braises, elles étaient excellentes, accompagnées de la dernière noix du beurre acheté à une tribu de bergers. Je les avais oubliées et les avais laissé légèrement griller. Et ce soir-là, un Cosaque, qui m'informa que son titre officiel était celui d'Instructeur en Communisme, en mangea une et la déclara délicieuse, mais ajouta que j'étais un capitaliste parce que j'avais pêché à la mouche. Le ver, affirma-t-il, était le seul appât fiable. Il se proposa même de nous présenter un vieux 'pêcheur du coin' qui prenait des poissons d'une taille monstrueuse dans ces deux rivières. Il ressemblait tellement aux locaux, que ce soit en Angleterre ou aux Etats-Unis, qui n'arrêtent pas de se vanter de prendre, eux, des poissons tellement énormes, qu'il ne comprenait pas mes fréquents éclats de rire. D'ailleurs, il s'avéra qu'il n'avait jamais vu une mouche. Pis encore, il ne croyait pas que j'avais pris des truites avec une chose pareille. Ses doutes se dissipèrent seulement quand je lui montrai mon équipement dans lequel aucun hameçon n'était pas paré de ces plumes colorées. Mais il demeurait soupçonneux.

Il y avait là un village turco-tartare du nom de Utsch-Khalan où notre homme avec ses deux chevaux jugea bon de nous fausser compagnie. Le lendemain matin, lui et les chevaux avaient tout simplement disparu. Je m'en remis à Wicksteed, qui remonta la vallée sur une dizaine de kilomètres, pour nous en obtenir deux autres. J'avais l'intention de pêcher. En remontant la rivière, je prospectai toute la matinée tous les postes susceptibles de tenir un poisson sans jamais en faire monter un. Je changeai de mouches, je modifiai ma tactique, je pêchai en eau libre dans les parcours lents et derrière chaque rocher en eau vive. J'aurais aussi bien pu lancer mes mouches dans une baignoire. Assis sur la berge, je prenais mon déjeuner, composé d'une grosse tranche de pain noir avec une autre grosse tranche de fromage collée dessus, et en même temps expédiais oisivement une courte ligne dans l'eau vive qui coulait à mes pieds et sur laquelle le soleil miroitait, quand j'eus une attaque. C'était tellement inattendu que je laissai tomber mon sandwich dans l'eau et relançai au même endroit sans me lever. Ce lancer me rapporta une belle truitelle d'environ cent cinquante grammes. Comme les truites prennent habituellement leur livrée en fonction de la nature du lit et des couleurs dominantes de la rivière, le dos de ce poisson était d'un vert pomme éclatant, et les centaines de petites taches, d'un rouge vif. Je me rendis alors compte que je n'avais rien pour la ranger comme si j'avais deviné que je ne prendrais rien. Je n'avais donc pas emporté mon sac de pêche en toile.

Je pris trente-quatre truites dans l'après-midi – le plus grand nombre que j'ai jamais pris en une journée. Je ne pense pas que j'en aurais pris autant alors, n'eût été ma discussion avec le Communiste de la veille. Mais je voulais lui clouer le bec avec un argument imparable. Je découvris qu'au lieu des larges étendues d'eau libre et assez profonde, tous les poissons semblaient se tenir dans l'eau blanche, à l'abri de chaque rocher ou saillie. Je déposais ceux que j'avais pris sur la berge, repartais dans l'eau et prospectais chaque bloc prometteur. Je découvris aussi qu'ils étaient avides d'une petite mouche au corps orange et vert, avec une aile discrète – ni sarcelle, ni grouse, ni colvert – que j'avais toujours eue dans mon portefeuille, mais dont je ne connaissais même pas le nom. Je ne me souvenais pas non plus où je me les étais procurées. En tout cas, j'en possédais presque une douzaine. Et quand il m'apparut que les truites avaient une préférence marquée pour elles, j'ôtai les deux autres mouches et pêchai avec ces 'United Ireland', car tel était leur nom, que je découvris plus tard. C'était une mesure téméraire et peu orthodoxe, mais à deux reprises ce jour-là, elle me permit de prendre trois truites à la fois. Je n'en ai jamais eu plus de deux avant cette journée ou depuis. Avec trois poissons, je ne savais pas comment les mettre à l'épuisette. Par lequel devais-je commencer ? Ma solution, et je suis prêt à admettre que peut-être ce n'était pas la bonne, c'était de les tenir aussi longtemps qu'il n'y avait pas de risques, puis de les conduire dans un amorti peu profond derrière une langue de galets, de tirer ensuite sur la rive le poisson pris sur la sauteuse tout en glissant l'épuisette sous celui qui était pris sur la mouche du milieu – et espérer que le troisième ne se décrocherait pas en hissant le tout sur la berge. Les deux fois, mon stratagème réussit.

Puis un soir nous débouchâmes sur un éperon montagneux

De cette journée, ma mémoire a retenu un secteur particulier de cette vive rivière d'eaux vertes. Un pin était tombé dans l'eau quelques années plus tôt à un endroit particulier, et les ans et le coup d'eau l'avaient fait pivoter et placé en diagonale dans la rivière. Mais ses racines le maintenaient à la berge, ce qui avait eu pour effet de déposer du sable et de petits rocs derrière, ainsi que cela se produit derrière les jetées construites pour empêcher l'érosion des berges. Cela avait créé un pool d'une trentaine de mètres de long. Et ce fut dans ce long pool que je fis mes deux triplés. En fait, je pris onze de mes trente-quatre truites dans ce seul pool.

Occupé à pêcher, je n'avais pas remarqué que deux Caucasiens venus de la forêt sur leurs minuscules chevaux qui s'avançaient à pas feutrés, étaient en train de m'observer. Leur instinct de pêcheurs était stimulé, et ils mirent pied à terre, tout aussi discrètement, et s'avancèrent vers la rivière. C'est alors que je les vis enfin et leur fis signe de se reculer. Ce geste aussi leur parut singulier, car il ne leur était jamais venu à l'esprit auparavant que les poissons pouvaient les voir. En fait, je doute qu'ils aient jamais tenu un poisson en main. Puis alors que je décrochais une truite, ils aperçurent les mouches. Selon leur façon de penser, c'était là de la magie pure et il leur était impossible de croire ce que pourtant je leur montrais : une truite gobant la mouche. Ils se mirent à rire comme des écoliers, et devinrent si excités qu'à nouveau ils se rapprochèrent de la rivière. Il m'était impossible de leur parler car leur dialecte n'était même pas dérivé du russe. Mais ils s'autoproclamèrent mes guides officieux, portant mon épuisette, lourde et bourrée de poissons alors, dans l'épais sous-bois, de fosse en fosse, de rapide en rapide, et le long de chaque parcours où il était impossible de pêcher à cause du dénivelé où l'eau dévalait, toute blanche. Je tirai l'un des hameçons dressés d'une plume contre l'index calleux de chacun d'eux et imprimai une légère saccade. Ils hurlèrent de ravissement en voyant le minuscule hameçon empalé dans leur doigt. Un aigle parut encore ajouter à leur surprise et à leur curiosité en passant, ailes déployées, au-dessus de nos têtes et en se posant brusquement sur une branche morte de l'autre côté de la rivière.

Le soir, comme j'avais pêché tout l'après-midi en remontant le cours de la rivière sans réfléchir et sans me poser de questions sur la distance croissante qui me séparait du village, il me fallut presque deux heures pour redescendre le long de la piste à peine visible dans l'obscurité. Quand je parvins aux cabanes en planches de Utsch-Khalan, je fis une halte à la cave locale et achetai deux bouteilles de ce lourd vin pourpre connu dans le Caucase sous l'appellation de Naperiouli. Dans le magasin, je retrouvai mon Instructeur en Communisme vers qui je soulevai l'épuisette remplie de truites. Je l'invitai à se rendre à la nouvelle école, construite par les Soviets, où je passais maintenant la nuit sur le sol, pour partager notre festin. Je trouvai Wicksteed, mort de faim, qui m'attendait, et lui montrai les truites.

« Seigneur ! » s'écria le vieil ermite philosophe (il étudiait Shakespeare et Dante avec passion). « Pour une fois, j'aurai plus de truites que je ne peux en manger. J'ai toujours été pauvre, vous savez. Je n'ai jamais eu assez de truites à manger. »

Eh bien, lui dis-je, il en aurait ce soir. Et l'idée me vint d'aller m'allonger dans la rivière, agrippé à un rocher, pour me rafraîchir. J'étais épuisé. Accroché là comme une algue dans le courant, à l'extrémité du bloc émergé dans la rivière torrentueuse, je repris mes forces et retrouvai l'appétit qui mettrait fin à la part des trente-cinq truites qui m'échoirait. J'informai Wicker, qui ne connaissait strictement rien à la truite, que cette pêche était mémorable, que je ne connaîtrais probablement plus jamais pareille journée de chance et qu'il ne devait pas se laisser induire en erreur et penser que j'allais répéter cet exploit. Je voyais bien qu'il rêvait de dîners de truites tous les soirs.

Pour soutenir ce prétentieux mais sympathique Cosaque du Don dans ses arguties communistes sur la pêche, il y avait une jeune institutrice au nez camus, une Cosaque également, que les Bolcheviques avaient envoyée dans ces montagnes pour instruire les enfants – et parents turco-tartares dans l'idéologie des Soviets. Elle aussi semblait avoir réponse à tout, ou presque. En tout cas, elle ne savait pas cuisiner le poisson, les truites du moins.

A la première bouchée, le visage de Wicksteed se contracta comme s'il avait mordu dans une figue-cague encore verte, puis il se précipita vers la porte. Il réessaya, mordilla encore et ressortit à toute allure. « Absolument infect ! » dit-il.

C'était vrai. L'Instructrice en Communisme avait cuit les truites dans de l'huile de tournesol. Non seulement cela, mais elle avait placé les trente-cinq poissons dans l'huile froide de tournesol pour les laisser mariner ! Je découvris cela en me précipitant à la cuisine.

« *Nu Vot* ! » déclara agréablement le Cosaque du Don, et lui et elle se partagèrent toutes les truites. Le pauvre Wicksteed mourut plus tard dans la pièce unique d'un immeuble de rapport surpeuplé où il vivait à Moscou. Il n'eut effectivement jamais toutes les truites qu'il voulait manger. Par ailleurs, et je ne sus jamais comment cela s'était produit, je trouvai le scion de ma canne brisé au matin. Je pense que l'Instructeur en Communisme avait montré comment prendre des truites à la mouche aux Turco-tartares.

Des années auparavant, entre la Yougoslavie et la Bulgarie, je m'étais lié d'une grande amitié pour les sympathiques gaillards serbes en allant pêcher au milieu du Danube avec les gardes-frontière. Les Bulgares m'avaient pris pour cible quelques jours plus tôt tandis que je descendais le fleuve sur mon yawl, la *Flamme* dans ce qui était censé être, en son centre, un chenal 'international'. Ils n'avaient jamais vu un bateau semblable au mien sur le Danube auparavant – ni personne d'autre d'ailleurs – et ils tirèrent donc sur moi. Ce fut l'éternelle plaisanterie de tout l'après-midi, fructueux, que je passai à pêcher avec les Serbes, qui abhorraient les Bulgares. « Mais s'ils vous avaient touché, ils auraient bien été les dindons de la farce ! » braillaient-ils. Plutôt moi, répliquai-je.

J'avais tenté d'obtenir des renseignements sur les combats constants mais non confirmés qui avaient lieu le long de cette frontière fragile, mais jusqu'à ce jour, sans succès. La police locale serbe ne valait guère mieux que la police bulgare – ou d'ailleurs, que n'importe quelle police. Le soupçon les habitait. Mais à la minute où je sortis mon premier sterlet (modèle miniature du véritable esturgeon), nous devînmes aussitôt frères. Immédiatement, l'un des gardes-frontière dans notre esquif se mit à raconter des histoires à dormir debout, qui firent rougir de honte ses camarades. Je leur en racontai moi-même quelques-unes. Puis nous débouchâmes les bouteilles de Sliwowitz, leur eau-de-vie brûlante faite de prunes bleues, et très rapidement je dus me forcer à ne pas prendre des notes mentalement car ils racontaient des histoires incroyables même à propos d'atrocités bulgares.

En rentrant à bord de la *Flamme* ce soir-là, je racontai à ma femme, qui m'accompagnait au cours de ce voyage, que je disposais de plus de renseignements auxquels je n'osais réfléchir, et certainement plus que je n'osais utiliser. Mais j'avais bel et bien trois des plus savoureux poissons d'Europe, car le petit sterlet, un poisson sans épine dorsale, est l'un des plus délicieux poissons au monde, à condition de le faire bouillir et de le servir avec une sauce à la crème.

C'est une chose difficile à admettre, mais pendant ces huit mois où j'emmenai la *Flamme* de la mer du Nord à la mer Noire, ces trois petits sterlets furent les seuls poissons que je pris au long de ces milliers de kilomètres. Mes cannes à truite, attachées sous les entremises de notre cabine, ne furent jamais montées. Nous vivions de canards sauvages dans les marécages perdus de Roumanie. Mais si vous avez jamais essayé de cuire un canard sur un réchaud portatif à pétrole, vous saurez à quel point ils étaient peu appétissants. En général, nous commencions à les faire bouillir en morceaux, puis finissions de les cuire en ragoût fortement assaisonné. Lors de la dernière étape du voyage, nous ne cessâmes de lutter, complètement gelés, contre le flot du bas Danube au large de Galatzi. Je ne me servis pas des cannes à truite avant de gagner l'Angleterre au printemps suivant.

VII

Quatre pays dans l'année : Chili, Angleterre, France et Norvège. Truites arc-en-ciel sous le volcan de Chillán. La traversée des Andes. Un dictateur en exil.

Une année, je pêchai dans quatre pays : le Chili, l'Angleterre, la France et la Norvège. C'était l'année 1937, à la fin de laquelle les Norvégiens me demandèrent d'écrire le chapitre consacré à la pêche dans l'almanach de leur Club de Chasse et Pêche. C'était un compliment agréable de la part d'un peuple que j'admire grandement. Et il plut tellement à un autre Scandinave à qui je le prêtai que je n'ai pas pu en reprendre possession.

Le Chili est l'un des pays les plus sportifs au monde. Les Chiliens eux-mêmes en sont peut-être les meilleurs cavaliers. Ils se rapprochent autant des Centaures qu'il est possible à l'homme et au cheval d'aujourd'hui ; en tout cas quand on les voit monter, que ce soit à l'hacienda ou lors de l'une de leurs célèbres compétitions équestres, l'homme et le cheval semblent faits d'une pièce, avec un cerveau unique et une musculature synchronisée. Une équipe de cavaliers américains avec qui je me rendis à Valparaiso me déclarèrent après le concours qu'ils n'avaient jamais vu de pareils cavaliers de leur vie. Et ce compliment émanait d'hommes de la célèbre école de cavalerie de Fort Riley aux Etats-Unis, dont l'un d'eux au moins avait participé aux Jeux Olympiques. Une légende veut que quand les Espagnols débarquèrent sur la côte pour conquérir le Pérou, les Indiens (qui n'avaient jamais vu de cheval) s'enfuirent terrorisés parce qu'ils pensaient que l'homme et la bête ne faisaient qu'un, qu'ils étaient face à des monstres, jusqu'au moment où un conquistador fur renversé de son cheval ... et que les Indiens passèrent à l'attaque.

Mais c'est un Irlandais qui me fit connaître la pêche au Chili, et ses magnifiques truites arc-en-ciel. Je le rencontrais fréquemment à Valparaiso. C'était un homme corpulent et sympathique, aux cheveux grisonnants, qui avait été garde-chasse honoraire du pays (autoproclamé, je crois), turfiste aussi bien qu'amateur des célèbres concours d'équitation. Vingt-cinq ans plus tôt, il avait eu l'idée d'introduire quelques truites arc-en-ciel dans les rivières vives aux eaux vertes et parsemées de rapides qui descendent des Andes du sud. Le résultat était miraculeux. Ces cours d'eau sont tout simplement bourrés d'écrevisses, mets de choix pour une arc-en-ciel. Mais même ces dernières années, certains n'étaient jamais pêchés, et ces truites, avec la prédilection qu'elles ont à migrer, se sont propagées dans tout le pays. Elles n'atteignent peut-être pas la taille des prodigieuses truites arc-en-ciel de la Nouvelle-Zélande, et s'il est vrai qu'on rencontre là-bas leurs rivales en termes de performances physiques et combatives, je doute qu'il y ait où que ce soit d'autre au monde, de plus magnifiques spécimens.

Il en résulte qu'on trouve à Valparaiso et Santiago des colonies d'Irlandais, d'Anglais, d'Ecossais et d'Américains – des hommes venus là pour exploiter autrefois le nitrate de soude ou bien pour travailler dans les nouvelles mines de cuivre, qui pratiquement à la minute où ils font connaissance, vous emmènent chez eux pour vous montrer leurs cannes et attirail de pêche, puis sortent une bouteille de whisky et en quelques minutes vous racontent d'invraisemblables histoires à faire rougir le pêcheur le plus aguerri.

Le plus drôle, c'est qu'elles sont vraies. Un attaché naval me déclara : « Quand j'écrivis au pays en racontant à mes amis que mes quatre premières truites arc-en-ciel prises au Chili faisaient en moyenne plus de six livres, ils me répondirent en me traitant de menteur ! » Je me contentai de hocher la tête car, quelques jours seulement plus tôt lors d'une étrange partie de chasse arrangée pour le Corps Diplomatique sur les lacs jusque là préservés qui alimentaient Valparaiso en eau, j'avais vu ce même homme tuer quarante-huit canards en une matinée en tirant par une ouverture aménagée dans un affût (dont je disposai l'après-midi) avec un fusil de calibre 20 seulement. On disait même qu'il avait été nommé au Chili en particulier, simplement parce que le Département d'Etat savait que sa passion et son adresse tant avec une canne qu'un fusil le ferait réussir auprès des Chiliens qui la partageaient.

C'est effectivement ce qui se produisit.

A Valparaiso, il y a un Ecossais, membre de la troisième génération de sa famille à être né dans ce pays, qui a la réputation d'être le meilleur pêcheur à la mouche du Chili. Alors que j'étais allongé dans ma chambre d'hôpital, il entra, se présenta puis me dit : « Quand vous allez sortir d'ici, je vais vous montrer de quoi vous emballer à la pêche. » L'attaché naval que je viens d'évoquer m'assura que c'était la pure vérité. Et l'ambassadeur de mon pays – lui-même pêcheur fanatique – me donna quatre des meilleures et plus grosses Silver Doctor de son portefeuille à mouches. « Il vous faudra beaucoup de réserve sur la ligne pour la rivière où cet homme va vous conduire ! » me prévint-il. Quand je lui annonçai la taille de mes deux moulinets et le poids de ma canne, il dit en fermant les yeux : « Eh bien alors, ça ne sert à rien d'y aller. Elles vont simplement tout vous arracher … tout emporter ! »

Ça n'avait pas l'air prometteur. Mais j'étais habitué à cette canne et estimai qu'il valait mieux m'en tenir à ce que je connaissais plutôt qu'accepter l'une des cannes plus longues et plus puissantes que l'Ecossais essaya de me prêter. Par ailleurs, comme je partais en compagnie d'un pêcheur qui jouissait d'une telle réputation, je ne voulais pas risquer de pratiquer avec une canne qui pourrait me faire paraître maladroit. Et donc quelques soirées plus tard, lui et moi, accompagnés d'un ancien officier de marine anglais (qui était dans les services secrets au Chili pendant la dernière guerre) voyagions en train à destination de Chillán, dans le sud du pays, ville qui fut littéralement rayée de la carte par un tremblement de terre quelques années plus tard. Le lendemain, quittant Chillán, nous fîmes soixante à soixante-cinq kilomètres en voiture, je pense, en direction d'un petit village situé entre la ville et les Andes dont la silhouette bleutée se découpait au loin. Après cette étape, entre les montagnes et le village, il n'y avait qu'une morne plaine sans route, rocailleuse et couverte d'arbustes rabougris. Alors que le lendemain matin, nous forcions la malheureuse voiture que nous nous étions procurée sur cette mer de broussailles basses, nous croisions de temps à autre un cavalier qui, dans ce cadre, évoquait des images de la lointaine Espagne, car il montait son cheval avec la même tranquille arrogance, il portait un chapeau plat noir semblable à ceux qu'on voit en Andalousie : il était espagnol (avec peut-être une trace de sang indien) et la seule différence extérieure ou presque, c'était que cet homme-ci faisait tenir son chapeau sur la tête par une attache passée sous le nez ! Il y a un petit bout de fourrure noire qui y est accrochée et qui vous fait toujours croire que ces caballeros chiliens saignent du nez. Les deux ou trois cavaliers que nous croisâmes nous saluèrent simplement d'un signe de tête solennel ; mais une vieille sorcière toute ridée qui montait en amazone, se mit à caqueter en nous voyant sortir de la voiture et monter nos cannes légères sur la berge de la rivière torrentueuse. Les Andes bleues n'avaient jamais paru aussi proches, elles se découpaient sur le ciel à l'est comme une barre déchiquetée de verre bleu cassé.

Ce qui rendait le spectacle encore plus étrange, c'était que le volcan de Chillán, sur notre gauche, entrait en éruption toutes les dix minutes. Il était d'une telle régularité qu'on pouvait régler sa montre sur lui : toutes les dix minutes, il projetait dans le ciel bleu une colonne jaune soufre qui s'élevait à six cents mètres.

La rivière s'appelait la Laja, elle dévalait depuis le volcan éteint d'Antuco dans les Andes lointaines. Dans ses longs méandres plats, elle était d'un vert bouteille profond … mais pleine de tourbillons. Puis elle se précipitait entre les rochers qu'elle avait érodés au cours des âges, se déversait par-dessus les saillies rocheuses dans des bouillons d'eau et faisait entendre le grondement incessant de ses eaux chahutées. Je me rappelai ce que

Ils se rapprochent autant des Centaures qu'il est possible à l'homme et au cheval d'aujourd'hui

m'avait dit l'ambassadeur à Santiago – « beaucoup de réserve sur la ligne » - et mon cœur se serra.

En tout cas, me dis-je, mets ton plus solide bas de ligne (c'était un 2 X), humidifie-le bien … et remets-t'en au Ciel. Ce fut une bonne idée.

J'avais choisi la bordure d'une large étendue de chutes où dévalait la rivière principale, blanche d'écume, mais où le long du courant central, coulait une veine d'eau verte. J'eus l'impression que si grosses truites il y avait, c'était là qu'elles se trouveraient à l'affût de nourriture apportée de l'amont. Lancer était facile en l'absence de hauts buissons derrière moi, et je déployai la plus grande longueur possible de ligne en espérant atteindre la bordure de l'eau blanche. Je crois que je dus être encore plus choqué que le poisson quand, à mon tout premier lancer, juste au moment où la mouche effectuait un cercle à peu près en face de moi, je ressentis la lourde tirée d'une violente attaque. C'était mon premier lancer au Chili – et ce fut le plus gros poisson.

Sans plus attendre, il dévala la rivière et traversa l'eau blanche où il parut reprendre des forces ou s'immobiliser un moment sur l'autre bord, dans l'eau verte. Ce fur ma chance car il avait pratiquement sorti toute la ligne. Mais c'était l'impasse : je ne pouvais pas me rendre de son côté, ni le faire revenir vers moi. Alors, je bandai la canne en réfléchissant à la suite, debout sur ma rive.

Dans ces régions du Chili, il y a une paysannerie très pauvre qui survit Dieu sait comment. Elle vit proche du dénuement le plus total qui puisse s'imaginer. Or derrière moi se trouvait le taudis, fait de broussailles et de chaume de l'un de ces parias. Manifestement, les occupants m'observaient depuis quelque temps. Et voyant que je me tenais là debout, apparemment sans rien faire, un petit gamin poussé par la curiosité s'approcha pour voir ce qui se passait. Nous ne parlions pas une langue commune qui nous eut permis de communiquer, et quand je décrochai mon épuisette et l'ouvrit d'un coup sec, il faillit s'évanouir de peur. Mais c'était un petit futé qui d'une façon ou d'une autre comprit ce qu'était une épuisette. Je le forçai à la prendre.

Nous étions maintenant deux à nous tenir là, le poisson étant resté au même endroit exactement. J'accentuai lentement la tension. L'instant d'après, le poisson se mit à descendre de son côté de la rivière, et le garçon et moi trébuchions sur les blocs disséminés de notre côté. Comme je l'ai dit, ces étranges rochers volcaniques avaient été polis par le temps et j'ai rarement effectué une course plus difficile, semée d'embûches, et exaspérante le long d'une rivière. J'étais en effet maintenant rentré dans l'eau et me rapprochais aussi près du poisson qu'il m'était possible afin de reprendre quelques longueurs de ligne. En procédant de la sorte, je récupérai plusieurs mètres. Puis je parvins au niveau d'une haute berge au pied de laquelle l'eau était trop profonde, et revins donc sur la terre ferme. C'était maintenant, me dis-je d'un air sombre, que j'allais perdre cette truite. Je me rappelai la grosse truite de mer des Shetland que j'avais tenue pendant deux heures quarante minutes. Une fois de plus j'allais devoir en prendre mon parti car à quelque cinquante mètres au-dessous de moi, brillait au soleil de midi un long dénivelé d'eau blanche.

C'est alors que le poisson décida de reprendre la direction des opérations. Dans un mélange confus de ravissement et de consternation, je réalisai qu'il venait droit sur moi en traversant le courant central d'eau blanche, si rapidement que je pouvais à peine récupérer la ligne à grandes brassées. Je n'avais aucune chance de rembobiner la ligne. Puis il remonta la rivière en reprenant du fil aussi vite que je pouvais lui en redonner sans emmêlements. Alors, sondant de toutes ses forces contre la tension du fil, comme s'il avait l'intention de franchir les petites chutes d'eau, il resta de nouveau immobile à l'endroit choisi.

C'était exactement conforme à mes souhaits et je n'aurais pas pu lui demander de faire mieux. En moulinant aussi vite qu'il m'était possible, je remontai dans sa direction. Et nous nous retrouvions donc, avec un petit chilien en plus, précisément là où nous avions commencé plus de vingt minutes auparavant. Je savais que vingt minutes s'étaient écoulées, parce qu'à deux reprises pendant la lutte, j'avais vu l'éruption du Chillán, et son jet de soufre à six cents mètres !

Alors débuta l'une des plus belles bagarres dont j'ai fait l'expérience. Car maintenant, j'avais une grande longueur de ligne à ma disposition et quand il passa à ma hauteur, je bandai la canne à la limite de la casse, décidé à lui interdire de repasser de l'autre côté de l'eau bouillonnante. Et j'y parvins, à chacune de ses tentatives. L'eau verte était si limpide que quand il se tourna dans le flot des tourbillons en face de moi, le soleil capta et réfléchit la bande rosâtre de ses flancs puissants. Je le voyais tenter de se débarrasser de l'hameçon. Il sauta ensuite, tournoyant dans le soleil. Il incarnait la quintessence même de la lutte. Il était, je pense, furieux, mais pas encore apeuré.

Il ne fait pas de doute que parmi les éléments qui ravissent le pêcheur, rien ne se compare à la possibilité d'observer un poisson combattre de cette manière. Je pouvais en effet le voir, lui ou du moins sa silhouette, presque en permanence. Le Chillán entra une fois de plus en éruption.

Maintenant cependant ma vaillante arc-en-ciel se déplaçait avec lenteur et sans conviction. Sa caudale battant lourdement, elle se tenait à une vingtaine de mètres de moi dans l'eau verte. Et je cherchai des yeux un amorti derrière des rochers, et l'y conduisis lentement. C'était une fosse d'eau pratiquement stagnante. La truite semblait se retenir à l'hameçon. Et alors, comme la berge était élevée, et que j'étais un idiot, je fis signe au petit chilien de s'avancer dans l'eau et de glisser l'épuisette sous le poisson.

C'est ce que fit le garçon. Il était impatient … tellement impatient qu'il frappa le poisson avec l'épuisette, il le repoussa avec ! Il tenta ensuite de le mettre dans le filet par la queue. Je sautai dans l'eau et en même temps, le gamin réussit enfin à mettre la truite à l'épuisette. J'attrapai le garçon, l'épuisette et la truite, tout en même temps, et les jetai sur la berge au-dessus de moi. Puis je plongeai sur le poisson.

Cette histoire sert à prouver dans quels états se mettent certains pêcheurs, car cette arc-en-ciel ne dépassait guère six livres. Mais elle était si belle ! C'est là toute la question : cette petite bouche, ce dos profond et ces flancs fermes et vigoureux. Ce poisson avait vécu d'eau pure et d'écrevisses à foison. Je m'assis sur la berge et restai l'admirer pendant presque vingt minutes. Il était à moi.

Puis je soupirai, me levai et repris ma pêche.

Je pris trois autres poissons dans l'après-midi. Le deuxième pesait cinq livres et demie, et combattit jusqu'au bout. Mais ce n'était plus la même excitation et je me sentais plus à l'aise maintenant, je pouvais me permettre de les brider davantage. Je pouvais aussi prendre le temps de regarder cette superbe rivière dont la courbe en aval brillait au soleil. Je remarquai que des carapaces broyées d'écrevisses étaient restées sur presque tous les rochers plats, manifestement mangées par quelque oiseau. Et alors, tandis que je pêchais sur une pointe rocheuse, un vol de canards rougeâtres la contourna à une telle vitesse qu'ils faillirent me heurter. L'Ecossais, ce lanceur impeccable – cela ne faisait aucun doute ! – avait jeté un coup d'œil à ma truite de six livres, et s'était aussitôt dirigé vers l'aval, décidé à en prendre une plus grosse. L'ancien officier de marine anglais l'avait également examinée, et se contenta d'un « Ah ». Il remonta, lui, la rivière et entreprit de pêcher furieusement au pied d'une autre chute.

Pendant ce temps, je pris deux autres truites de trois livres.

Je pris soudain conscience de mon extrême fatigue, car j'ai une mauvaise jambe, qui me donne quelques soucis. Je piquai donc la fidèle mouche dans la poignée en liège de la canne, donnai un pourboire au petit chilien et me dirigeai vers la voiture. Là je retrouvai l'Ecossais et l'Anglais, qui me tendaient la bouteille ...

« C'est drôle, n'est-ce pas, me fit l'Anglais en souriant alors que je m'essuyais les lèvres, comme on le savoure après une journée comme celle-ci ! Ça n'a rien à voir avec son goût en ville ... »

« Ah ...,» fis-je – en regardant leurs captures avec empressement.

Elles étaient toutes étalées sur les blocs gris. Nous avions chacun quatre poissons, et j'avais pris le plus gros. « Quelle magnifique journée ! » dis-je, rassuré.

Et le voyage de retour, quand on est fatigué, est un autre des plaisirs d'une journée de pêche. Nous pouvions nous reposer dans la voiture. Le whisky ajoutait un certain romantisme à la conversation. « Et on mange bien dans ce pub, dit l'Ecossais, on a appris à ces gens à cuisiner, on va sans doute manger du canard ce soir. »

« Mais les truites ... ? » m'étranglai-je.

Ils me regardèrent avec un sourire de compassion. Les arc-en-ciel seraient cuites à mon intention en temps voulu, selon la préparation adéquate, tel était le sens de ces sourires. Pendant ce temps ; nous traversâmes le petit village à l'allure espagnole alors que la nuit tombait. Nous retirâmes nos lourdes cuissardes, prîmes un bon bain dans la pièce aux murs d'argile qui donnait sur le patio, et enfilâmes des vêtements frais et légers. En nous rendant dans cette pièce où nous attendaient les seaux d'eau fraîche, nous traversâmes la cuisine. Et là, je vis deux fortes femmes à la physionomie espagnole qui vidaient nos truites et les pendaient à des crochets (comme des chemises qu'on met à sécher) au-dessus du poêle en terre réfractaire. Ma grosse truite était découpée en darnes qui seraient aussitôt bouillies.

Nous les dégustâmes froides au petit déjeuner, accompagnées d'une bouteille de ce magnifique hockheimer chilien, envoi sybarite d'une autre superbe journée de pêche.

Mais ce jour, je me couvris de honte. Je pris non seulement une autre truite de cinq livres et demie, mais aussi le plus grand nombre de poissons. Je menais d'un poisson ! Et celui-là, me fit-on sentir, n'aurait jamais dû être pris. L'Ecossais avait l'air sombre.

« Quoi, m'écriai-je, vous voulez me dire que vous remettez à l'eau les truites de deux livres et demie ? »

Ils contentèrent de hocher la tête, impliquant que pour les battre, j'avais conservé un poisson trop petit. Je leur dis alors qu'ils m'avaient vraiment emballé – comme moi, je le ferais en racontant ce voyage à n'importe quel pêcheur.

Je dois admettre qu'une bouteille de bon vin blanc au petit déjeuner n'est pas tout à fait la façon habituelle d'entamer une journée de pêche. Pourtant il y a bien le coup de l'étrier, et le petit déjeuner de chasse, lui aussi bien arrosé. En outre, la vitalité et l'aspect sauvage du paysage chilien avec l'immensité bleue des Andes toujours présente à l'esprit, rendaient ce petit déjeuner idéal. Ma seule objection à la boisson, quand il est question de pêche, c'est que je ne connais aucun autre sport où la plus légère ébriété produit d'aussi catastrophiques résultats. Je ne veux pas simplement dire que vous allez presque certainement enfoncer l'hameçon dans votre anatomie, mais comme tout l'art de la pêche à la mouche consiste à savoir inconsciemment où se trouve exactement la mouche, même si elle est derrière vous, que vous devez avoir l'esprit parfaitement clair pour savoir ce que vous faites. Je sais. J'ai pêché après un trop bon déjeuner pris dans une auberge au bord de l'eau, et l'après-midi entier a été gâché. Je n'en ai retiré aucun plaisir. La beauté des eaux vives ternissait, les feuilles des arbres perdaient leur éclat … et certains parcours où je me serais aventuré dans l'eau avec plaisir par un matin frais paraissaient maintenant trop difficiles à pêcher.

Ce qui précède est une réflexion peu orthodoxe, mais ceci est un livre peu orthodoxe. Je dois admettre que mes deux compagnons n'appréciaient guère l'idée du vin blanc. Elle venait de moi. Ils en avaient cependant de plus délirantes.

Par exemple à notre retour le deuxième soir de pêche, lorsque je revins avec cette misérable arc-en-ciel de deux livres et demie, l'Ecossais reçut une information qui le plongea dans une humeur proche du désespoir.

« Ça ne sert à rien, » grogna-t-il à l'adresse de l'Anglais alors que nous dînions (de truites cuites au four cette fois). « Il nous faut partir ! »

Quand je demandai quelle catastrophe s'était abattue sur leur parcours de rêve, il s'avéra qu'on avait rapporté à l'Ecossais qu'un Indien avait raconté qu'il avait vu un autre homme pêcher environ seize kilomètres plus en aval. Notez bien, seize kilomètres.

« Oui, il y a trop de monde, » firent-ils en chœur.

« C'est le problème, » poursuivit l'Ecossais. « On découvre une bonne rivière … on retourne à Santiago … et il suffit de *mentionner* ce qu'on y a pris pour qu'ils arrivent tous comme une nuée de sauterelles ! »

Ils avaient eu l'intention de monter une cabane sur ce parcours désolé de la Laja, cette région de chevaux et d'arrogants cavaliers chiliens au chapeau retenu par un cordon passé sous le nez. Il me semblait à moi qu'il était aussi désert et barbare qu'on pouvait le souhaiter.

« Mais maintenant, dit l'Ecossais, nous allons tenter notre chance plus haut. Après votre départ, Jack et moi allons essayer une autre rivière des Andes dont j'ai entendu parler. »

Je les quittai donc. Eux partirent dans la région de broussailles où le Chillán lançait son jet jaune dans un ciel sans nuage, et moi, je descendis en direction des volcans aux sommets enneigés dans la région des lacs pour traverser un col et me rendre en Patagonie. Mais dans ces lacs, je devais attraper trois des plus étranges poissons qu'il m'est arrivé de prendre.

Bien que plus d'un cinquième de toutes les terres agricoles au Chili soient la propriété de sujets britanniques, et que plus de 90% des grands élevages de moutons soient dirigés par des Britanniques

En direction des volcans aux sommets enneigés dans la région des lacs

aussi, principalement des Ecossais, il y a dans le sud du pays trois grands lacs qui sont (ou étaient) plus viscéralement allemands que tout ce qu'on pourrait trouver en Bavière. Leur région aussi ressemble de façon stupéfiante au *Bergenland* (1), à la différence que les hautes montagnes enneigées qui vous entourent sont des volcans, éteints, on l'espère. C'est un paysage étourdissant où, quand j'y étais en 1936, on voyait encore les Allemands défricher les denses forêts vierges pour y implanter leurs grandes fermes. Le capitaine et l'équipage de tous les petits bateaux qui vous faisaient traverser les trois lacs – le lac Llanquihue a une superficie de 320 kilomètres carrés – portaient une svastika. A chaque appontement où vous débarquiez, on vous saluait d'une volée de « Heil ! », et tous les petits chalets en bois où vous passiez la nuit avaient un sanctuaire réservé au *Deutsche Klub*. (2)

Je traversais la région par les cols des Andes en espérant atteindre San Carlos de Bariloche en Patagonie. Il fallait plusieurs jours en bateau, et en voiture par les cols en altitude pour parvenir à une tête de ligne ferroviaire en Argentine, mais je pris plus longtemps pour me reposer à la fin de la traversée de l'un de ces lacs préservés des hommes, afin de récupérer de trop nombreuses semaines passées à grande altitude dans les Andes septentrionales. Ce fut au bout de l'un de ces lacs de montagne où il y avait un petit chalet suisse, avec de vrais Suisses à la réception, tous habillés comme Rudolph Valentino, et où même les oiseaux semblaient porter la svastika, que par dépit un ami et moi enfermâmes à clé le président du club allemand pour la nuit.

Cela se fit très simplement en affirmant, tard dans la nuit alors que nous nous querellions avec le Herr président, que nous devions sortir de la pièce un moment. Et, en sortant, nous subtilisâmes la clé dans la serrure intérieure et l'enfermâmes de l'extérieur – puis montâmes nous coucher.

Ainsi que je l'ai dit, chaque hôtel possédait ce sanctuaire réservé au *Deutsche Klub*. Et environ une heure après que nous l'eûmes quitté, il en émana un rugissement qu'eût envié Wotan en personne – il n'était pas sans rappeler la physionomie d'un morse, ce président aux dents proéminentes sur lesquelles sa moustache retombait – mélopée sonore qui se poursuivit jusqu'à environ trois heures du matin quand un Suisse pris de peur se réveilla, et réalisant que ce vacarme n'était pas le chant habituel qui provenait parfois du *Deutsche Klub*, trouva une échelle et libéra le Herr président. Très en colère.

Nous avions parlé poissons, ou pour être plus explicite, pêche. Pour être tout à fait franc, il s'agissait de mes pêches à moi. Même si notre discussion n'avait pas débuté sur un sujet aussi pacifique, ce furent ses remarques à propos de mon pays, et de la Grande-Bretagne, et de ce que ses semblables allaient faire aux deux, qui provoquèrent quelques objections de ma part. En fait, le Herr président renvoya les deux ou trois Allemands restés dans le Klub de façon à me parler en privé. Puis il me demanda :

« Et *vous*, qu'est-ce que vous faites ici ? »

« Je viens pêcher, » dis-je.

« *Ach so* ! dit-il d'un air perspicace, et quoi ? »

« Je ne sais pas, » répondis-je.

« Ah ! Ah ! Vous ne *savez* pas ? »

« Non, dis-je, on m'a dit qu'il y a une espèce de poisson très étrange dans ce lac. On dit qu'on ne la trouve nulle part ailleurs au monde. Qu'est-ce que c'est ? »

« *Ach so* ! dit-il triomphalement, alors le gentleman va à la *pêche* ? »

Ce fut alors que je déclarai devoir quitter la pièce un moment … Et nous l'enfermâmes à clé.

Ceci dit, je ne sais pas quel nom porte ce poisson. De nombreux lecteurs le sauront, j'en suis sûr. Mais il est moucheté comme une truite, il se défend comme une truite, mais il ne porte pas de nageoire adipeuse et donc bien sûr, n'appartient pas à la famille des salmonidés. Et si ma mémoire ne me joue pas des tours, je *crois* qu'il n'avait pas de colonne vertébrale, mais simplement un cordon mucilagineux, comme celui d'un esturgeon. Il se peut que je me trompe sur ce point. En tout cas, cela valait la peine de l'attraper.

L'un des avantages de la canne 'Duplex' que m'avait fabriquée la maison Hardy, c'est que vous pouvez présenter pratiquement tout à ce poisson. Elle vous permet de faire des expériences. Incidemment, c'est un autre aspect fascinant de la pêche, peut-être le plus fascinant. Bref, quand le président et moi nous croisâmes le lendemain vers midi, il avait à la main une chope de bière alors que je tenais le petit fourreau d'aluminium incassable renfermant ma Duplex. Nous nous saluâmes avec raideur.

Il y avait en face de l'hôtel de l'autre côté du lac, une belle rivière qui s'y jetait. Elle descendait des Andes en roulant des eaux torrentueuses, puis s'aplanissait dans les pâturages alpestres semés de rocs où nous nous trouvions, et enfin s'évasait en éventail en une large embouchure pour se jeter, apaisée, dans le lac solitaire. C'était un endroit superbe pour pêcher, un lieu de rêve pour quiconque. J'estimai que les poissons, quel que fût leur nom, se tiendraient le long des barres rocheuses au large de cette embouchure, en attente dans le courant nourricier. Là encore apparaît un aspect fascinant de la pêche : calculer l'emplacement des poissons, reconnaître les postes propices.

J'avais dans mon sac un vieux devon lourd usagé du modèle 'Phantom', qui ne m'avait jamais porté chance. Il était abîmé et bien usé. Il avait perdu presque toute sa peinture en Colombie britannique bien longtemps avant, en 1921. Je l'avais essayé dans un ou deux autres endroits, mais j'estimais qu'en fait j'aurais dû m'en défaire depuis longtemps. Il me faisait perdre mon temps. Pourtant il ne manquait pas de personnalité, avec sa tête lourde et peu engageante, et son corps rotatif.

Alors je transformai la Duplex en une canne à lancer, fixai le moulinet Pflueger et accrochai ce devon de malheur au bout d'une vieille crinelle d'acier torsadée. L'Indien Araucan qui menait la barque venait d'une race que même les puissants conquistadors ne soumirent jamais, ni même les Espagnols qui les suivirent. La principale caractéristique de ces Indiens, de celui-là tout particulièrement, est leur dignité d'idole, divine presque, et leur visage impassible. Il entrouvrit les yeux en me voyant préparer tout ce matériel, mais faillit tomber à l'eau quand il vit le devon s'envoler, tomber lourdement à l'eau en travers de l'embouchure de la rivière, et quelques secondes plus tard, me vit le sortir de l'eau avant de relancer.

Puis ce fut moi qui faillis tomber dans le lac car, quelques lancers plus tard, je sentis une violente attaque. Vous imaginez mon excitation : ce lac au sud du Chili, avec ses volcans aux cimes enneigées, mon ignorance du nom du poisson même que j'essayais de pêcher, de ses postes, des leurres auxquels il succomberait … Etais-je le dernier des imbéciles ? Et puis, bing ! La confirmation que je ne m'étais pas trompé. Je pense que les pêcheurs qui ont pratiqué dans des endroits nouveaux pour eux et ont fait des essais quant aux postes et aux leurres, comprendront mon anxiété, mon angoisse presque, pour mettre ce poisson dans le bateau.

Il ne sauta pas une seule fois pour autant que je me souvienne, et il était loin d'être aussi rusé qu'une truite ou un black-bass à petite bouche … Il se contenta de donner des coups de tête et de faire des démarrages. Coups de tête et ruées … Au bout de quelques minutes, il se débattait sur le caillebotis du bateau. Il était tel que je viens de le décrire, et je l'examinai tandis que l'Indien produisait de petits gargouillements en me tendant le devon et demandant par signes l'équivalent de : »Quelles est cette chose magique ? »

Eh bien … Le devon ne fut pas magique si longtemps que cela. Sans bouger de l'endroit où l'Indien maintenait l'embarcation face au vent qui forcissait, j'en pris deux autres, dont le plus gros faisait environ deux livres. Puis … un plus gros, oui ce devait être un magnifique poisson, partit avec le devon.

La ligne revint seule, cassée juste au nœud d'attache de la crinelle avec le devon, le dernier point auquel on songerait. Et rien d'autre dans mon sac ne réussit à tenter un autre poisson. Ils ne voulaient que ce vieux devon que je traînais avec moi depuis des lustres et qui avait été jusqu'alors si peu utile.

Comble de malchance ce jour-là, le Herr président du *Deutsche Klub* était parti à un autre endroit du lac pendant que je pêchais. Et le lendemain, je dus partir, en grimpant jusqu'aux cols élevés d'où l'on apercevait le lit des rivières parsemées de rochers très loin plus bas, on tombe sur le panneau rouge triangulaire indiquant : Chili – Argentine. Après quoi, je traverserais l'Amérique du Sud jusqu'à Buenos Aires, et me rendrais en France par bateau.

Je me rendis à Buenos Aires principalement pour retrouver un président chilien en exil, le général Carlos Ibañez. Il vivait dans un deux-pièces donnant sur une rue qui ne respirait pas l'opulence. Quelques semaines auparavant, j'avais interviewé le président en exercice, Don Arturo Alessandri, dans son palais d'été qui dominait le Pacifique à Viña del Mar, le Monte-Carlo chilien. Il me fallut une semaine pour persuader le général Ibañez de m'accorder un entretien, ou même de me faire savoir où il se trouvait (tous les contacts se faisaient par un intermédiaire). Son premier geste, quand j'entrai dans son appartement de deux pièces, fut d'ouvrir une petite boîte d'acajou et d'en extraire deux passeports.

« Le mien et celui de mon épouse, » dit-il. « J'ai déposé une demande d'autorisation il y a deux jours pour retourner au Chili. Le consul chilien me les a retournés. Je ne peux pas rentrer chez moi. » Puis il fit un signe de tête en direction d'une photo au mur, montrant trois enfants. « Ce sont les miens, dit-il, mais ils sont au Chili, et je ne peux pas les faire venir ici. Je suis ruiné. »

L'ironie de cette scène réside dans le fait que ces deux présidents s'étaient mutuellement exilés. En 1928, le général Ibañez avait expédié Don Arturo Alessandri par bateau de l'autre côté des Andes de la manière courtoise et approuvée en Amérique du Sud. Ils représentaient les deux volets de l'étrange article d'histoire politique que je voulais écrire. Et, comme on le sait, le général Ibañez retourna finalement au Chili environ deux ans après que je lui eus parlé, pour lancer une révolution typiquement manquée.

Avec l'article préparé dans mes carnets, et mon cœur aux battements irréguliers par suite des trop nombreux mois passés en altitude dans les Andes, j'achetai un billet sur un vapeur à destination de la France pour clore une demi année en Amérique du Sud. Alors même que nous descendions l'immense et boueux fleuve Platte, je me pris à rêver à l'Angleterre. Dans cette région de l'équateur où il pleut tout le temps (à la jonction d'un courant chaud et d'un courant froid), et où la ligne d'horizon est une forêt de champignons géants dont les chapeaux condensent la vapeur – où même les flancs d'acier du bateau semblent se flétrir et se détremper comme du carton – je m'accrochais au bastingage et pensais à l'Angleterre.

Mes rêveries se focalisaient sur un seul désir. Ce serait le mois de mai quand j'arriverais en Angleterre, et il y a un lieu où deux petites rivières aux eaux fraîches se rejoignent dans le Somerset. Il y avait là un hôtel où j'étais descendu pendant des années, et aussi un petit groupe de locaux qui se retrouvaient habituellement au bar. Là-bas je retrouverais le repos.

VIII

Pêche dans le sud-ouest anglais. Récompense.

Il existe dans le sud-ouest un coin qui est presque un sanctuaire pour un type d'Anglais en voie de disparition. Il n'y a pas un seul jour de l'année où il est impossible d'y tuer quelque chose : cerfs, biches, renards, loutres, lapins, faisans, perdrix, coqs de bruyère, bécasses, bécassines, peut-être quelques canards de passage ; saumons et truites. Chaque espèce a sa saison, et les saisons se chevauchent de sorte qu'on peut pratiquer trois ou quatre sports différents en autant de jours. On peut chasser le cerf à courre, et le lendemain tirer au fusil dans les vertes collines ondulantes ; le jour suivant, on peut, armé d'une canne, tenter de capturer les derniers poissons de l'année. Pour les chasseurs et pêcheurs anglais qui habitent là-bas, une journée improductive est une journée de frustration, une journée perdue.

Mais le capitaine Tantivy n'est pas un homme sanguinaire, même s'il agit comme s'il était sur terre pour tuer tout ce qui s'y trouve. Ce n'est pas la mise à mort qui stimule l'intérêt des héritiers des vieux propriétaires terriens anglais férus de chasse et de pêche. Jamais vous ne comprendrez le capitaine Tantivy avant d'assister à l'épilogue d'une chasse à courre : le long retour au bercail dans l'obscurité tombante, la touche finale, d'une splendeur barbare, du crépuscule pluvieux et venté, sur la lande vide. Les chiens fatigués ; la tunique rose d'un chasseur qui rapidement s'estompe en une noire silhouette devant vous. Tout cela, ainsi que l'attente du bain chaud, et de la boisson réparatrice au coin du feu dans le pub, participe à son plaisir.

Oui, tout cela – et l'image encore présente à l'esprit, celle des chiens dressés à débucher qui s'emploient un matin d'hiver à isoler une biche de la harde dans un épais bosquet de hêtres, puis une troupe de cavaliers qui descend bride abattue un coteau escarpé couvert de fougères mortes – comme sur une ancienne gravure de chasse.

« Yagga-yagga-yagga ! Aie-iii –Aie-iii- Aie ! Tout-toutotout ! Ernest, si tu ne sais pas lire, tu peux entendre, non ? Retourne ! Retourne ! Elle est repartie … elle est repartie … elle fonce dans la vallée ! Tout- toutotout. Yagga-yagga-yagga, toi - ! »

Peut-être est-ce avec une profonde satisfaction que vous regardez la biche chercher son salut sans la fuite, bondir à travers les riches pâtures vertes qui tapissent le fond de vallée, et franchir les haies comme si elle était lancée sur des ressorts, et s'enfoncer, encore et encore dans un autre sanctuaire boisé. La musique de la meute tinte dans vos veines. Mais vous serez tout aussi content en rentrant d'entendre le capitaine Tantivy, couvert de boue, soupirer que la biche les a fait courir sur quarante-cinq kilomètres pour finalement leur échapper. Car vous saurez qu'au fond de lui-même, le capitaine aussi ne regrette rien. Il a passé une journée formidable en donnant toute sa mesure.

C'est le côté excitant de cette région dont je parle. Mais ce n'est pas celui qui m'attire là-bas. Pour moi ce décor anglais, où les rivières aux noires descendent en méandres des landes d'Exmoor, représente la joie éprouvée au contact des personnes de ma connaissance et le luxe de ma propre solitude sur les berges de ses rivières.

Parmi les personnes de ma connaissance, je sais que je trouverai au bar le garde-pêche qui exerce sur l'Exe et la Barle depuis plus de quarante ans. Ce qu'il ignore des poissons ne vaut guère la peine d'être mentionné. En posant sa pipe, il vous racontera pourquoi il ne mange jamais de poisson … parce que … eh bien, ça devait être il y a quinze ans, il y eut une année où les saumons entrèrent en rivière porteurs d'une maladie aux ouïes, et quand on les sortait de l'eau, ils étaient tout flasques et spongieux. « Et depuis ce temps, je n'ai jamais pu toucher à un poisson ! Je ne pourrais pas en manger. » Il vous parlera des insectes qui disparaissent inexorablement, victimes de l'huile venue des routes bitumées et des automobiles, et qui suinte dans l'eau. Certains ont disparu depuis des années, la grande olive sombre se fait rare. Il ne serait pas du tout surpris qu'un jour, le fidèle éphémère brun de mars lui-même, si loyal, disparaisse. Oui, Mr X est mort … quel dommage … un vrai gentleman aussi. L'année où 82 saumons avaient été pris dans la rivière, Mr X en avait attrapé 54. Un gentleman accompli. Cette année-ci a été bonne pour le saumon aussi, ce qui veut dire que ce sera une mauvaise année à truites. Et quand je lui raconte que j'ai pêché dans une rivière le long de laquelle il n'y avait tout simplement pas de voitures, il soupire : « Oui, ce serait un magnifique endroit pour nous autres ! »

Et Hardy, le piégeur de lapins ? Eh bien, il n'a pas été en grande forme cet hiver dernier – son dos, vous savez. Puis on lui a extrait toutes ses dernières dents. Mais il va se montrer au pub, le Lamb … ou alors vous le trouverez au Lion.

Et Hardy montrera ses furets. Nous avons vécu tant d'années de chaque côté des ces haies épaisses. Mon Dieu oui, il va apporter quelques-uns de ses furets au pub du Lion ! Rosie a été tuée par un gentleman, qui l'a repoussée dans un trou sans en piper mot. Donc ce n'était pas un gentleman. « J'ai passé tout l'après-midi à essayer de la trouver, c'est sûr ! » Mais Robin des Bois est toujours vivant. Fitchie aussi. Et voici un nouveau : Buffalo Bill. Hardy empoigne les trois et laisse leur museau rose lui toucher les joues, comme s'ils l'embrassaient. Il a dix-sept furets cette année. Et il *sait* leur parler, car quand il glissait Rosie dans un trou en lui disant : « Allez, *rentre*, Rosie … Papa va attendre *dehors* » on voyait Rosie ressortir, cligner ses yeux roses en le regardant comme si elle lui demandait quoi faire ensuite !

Tout cela fait partie de l'accueil agréable qui vous attend à votre retour.

C'était à mille lieues des régions sauvages couvertes de broussailles dans le sud du Chili. C'était aussi totalement différent des forêts de pins et des rivières de Norvège qui coulaient dans un bruit assourdissant où j'allais pêcher en septembre. C'était également loin, par son caractère, des cours d'eau de France dans lesquels j'allais pêcher, en Haute-Savoie, dans les semaines à venir. Mais il y avait quelque chose dans ce décor qu'aucun autre de ceux-là ne pouvait offrir. Je pense que la meilleure définition est une certaine décence tranquille. Ce décor anglais presque immuable, avec ses collines ondulantes vertes et rouges, dégage une poésie que les rocs et rivières sauvages ou bien les volcans aux cimes enneigées ne pourraient jamais évoquer. Il possède une douceur, une richesse champêtre, une simplicité qui est comme le caractère anglais. Un décor immuable qui vous remplit de contentement.

Vous êtes chanceux si la moyenne pondérale des truites que vous attrapez ici atteint la livre pour trois poissons. Très chanceux ! Quand vous rentrerez le soir à l'hôtel, vous trouverez quelques assiettes près de l'entrée. Il se peut que deux, trois, jusqu'à dix truites même soient posées sur une assiette. Mais ce ne sont que des assiettes, il n'y a pas besoin de plateaux. Et vous poserez votre propre monstre – disons que vous avez effectivement attrapé une truite d'une demi-livre – avec autant de satisfaction sereine que vous laisseriez tomber cette six livres du Chili. En fait, au vu des circonstances, vous avez réussi une chose encore plus merveilleuse.

Ici, avec une petite boîte en aluminium en poche, ou bien quelques mouches piquées au revers de la veste, vous pêcherez toute la journée avec un bas de ligne si fin qu'il ressemble à un cheveu d'une brunette. Peut-être vaut-il mieux acheter vos bas de ligne et vos mouches chez un fanatique de pêche dans la petite ville proche. Il teint ses propres bas de ligne et dresse ses propres mouches, et il y a tellement de mouches accrochées à sa veste et à son chapeau qu'il ressemble à une véritable bogue. Voilà encore l'une de ces connaissances agréables avec qui c'est un vrai plaisir de parler de pêche, autant qu'avec le garde. Et même davantage, en fait, car cet homme qui tient le magasin de pêche et de cycles local, le quittera au premier prétexte pour prendre un poisson. Il possède, je crois, une ou deux mouches anonymes avec lesquelles il a fait quelques essais. Mais celles qu'il vous recommandera probablement sont la petite Blue Upright à hackle, mais avec la plus grande partie du hackle supprimée d'un coup de ciseaux, la

Hare's Ear, la Pheasant Tail, la Greenwell's Glory, et à mesure que la saison avance, la Little Tup apparemment irrésistible. Ensuite, c'est une question de présentation des mouches : où et comment.

L'art aimable de la pêche en ruisseau dans le sud-ouest de l'Angleterre (je n'ai jamais pu obtenir de pêcher sur un grand chalk-stream) possède son charme propre. Peut-être est-ce la raison pour laquelle je n'ai jamais essayé de pêcher le saumon dans cette rivière bien que j'y aie pratiqué deux fois plus souvent que dans n'importe quel loch ou rivière d'Ecosse. Comme je l'ai dit, j'aime le luxe de ma propre solitude, l'oisiveté de mes réflexions personnelles – la solitude intérieure. Il y a des moments où je ne veux pas de problèmes, je ne veux pas de sensations fortes, je ne suis venu ici que pour paresser avec contentement. Parfois je ne veux rien faire d'autre que de m'allonger au soleil. Aux premières journées de printemps, quand le soleil réchauffe les vertes prairies, que l'ombre des nuages semble peler des collines et que les corneilles s'affairent encore à construire leur nid effiloché dans les arbres dénudés, que l'eau des déversoirs blanchit par suite du flot soutenu qui dévale de la lande d'Exmoor où le cerf se cache parmi les fougères, vous restez étendu là et observez les brebis, à l'agnelage, repousser d'un coup de tête les agneaux titubants, les petits idiots qui ne reconnaissent pas leur propre mère. C'est le moment où la primevère s'apprête à sortir, et bientôt cette petite fleur blanche va apparaître, comme un bouton d'or, et pousser en touffes au-dessus des bancs d'herbiers qui ondulent dans les amortis.

J'aime observer le pluvier qui fait ses cabrioles dans le ciel au-dessus des champs labourés de terre rouge, Monsieur Rat qui émerge de son trou et vaque à ses occupations, et le vol incessant et silencieux des martinets au-dessus du petit cours d'eau.

Or c'est juste le bon moment pour pêcher. L'eau est encore un peu piquée, juste ce qu'il faut. Et vous vous rendez compte en entrant dans l'eau, que la pêche en petite rivière est faite pour vous. Elle vous fait perdre l'habitude des longs lancers auxquels la pêche en loch ou dans une grande rivière vous a accoutumés. Si vous êtes sur le rivage d'un loch, vous lancez toujours pour voir quelle distance vous pouvez atteindre : les poissons doivent être là-bas. Si vous êtes en bateau, vous essayez toujours d'effectuer de longs lancers parmi les rochers le long de la rive : les poissons doivent être là-bas. Si vous êtes au milieu d'un loch peu profond, vous essayez constamment de poser vos mouches aussi loin que possible de la barque, au cas où vous auriez effrayé les poissons. Voilà les habitudes que moi, en tout cas, j'ai prises. Vous ne faites plus attention si votre ligne est relâchée, votre unique considération semble être de poser les mouches en douceur. Et vous faites durer trop longtemps la lutte avec le poisson.

Mais ici, sur une aussi petite rivière, il convient d'être circonspect. Tout dépend de l'endroit où vous posez la mouche. Plus votre ligne est courte et moins vous faites durer la lutte, mieux ça vaut. Et il faut connaître la rivière, les profonds séduisants qui paraissent à coup sûr productifs, sont d'ordinaire aussi peu rentables que la pêche dans un fossé. Mais il y a par exemple un long parcours d'apparence anodine sur la petite Exe, où une rangée de vieux chênes imposants étendent leurs branches loin au-dessus de l'eau. Si vous parvenez à déployer votre ligne là-dessous, vous serez presque toujours récompensé par deux ou trois belles truites qui, en général font preuve d'une remarquable condition. J'en ignore la raison, sauf que ces branches de chêne gênantes se déploient au-dessus d'un long radier et que l'eau à cet endroit doit être particulièrement riche d'une nourriture que les truites apprécient. Toujours est-il que les poissons qui y sont pris sont presque toujours les plus beaux que vous trouverez sur ces un ou deux kilomètres de rivière. Sur la Barle aussi, vous pouvez remonter un secteur de rivière étroit qui s'engouffre sous le pont d'une route fréquentée. Et là, si vous parvenez à lancer convenablement la mouche malgré les broussailles denses qui vous entourent de chaque côté, vous prendrez des truites deux fois plus grosses que celles que produira jamais le parcours plus large et prometteur en aval. Ceux qui ont pêché dans la rivière reconnaîtront les parcours auxquels je fais allusion. Ils connaîtront aussi le large parcours où l'Exe et la Barle se rejoignent – pour former le Black Pool – d'où vous ne sortirez pratiquement jamais une truite de taille correcte.

Voilà ce qui rend la pêche si exaspérante – et délectable. Il y a un pont loin en aval, avec un magnifique radier plus bas. Mais c'est l'emplacement d'une auberge. Une très modeste petite auberge où vous savez que si les sandwichs et la bouteille de bière dans votre sac n'ont pas suffi, vous pourrez toujours trouver un quignon de pain avec du fromage, et d'autre bière. Peut-être allez-vous vous asseoir là sur un banc, fatigué par le poids de vos cuissardes, et prendre une ou deux autres pintes de bière avant d'entamer la marche épuisante du retour en soirée. Et comme je l'ai dit, si vous avez une truite d'une demi-livre à montrer, alors c'est que vous avez pris un monstre.

J'ai pêché sur ce parcours au moins deux ou trois fois à Pâques ... en général pour me remettre des dégâts causés par trop de semaines passées à Londres. J'y ai pêché en septembre. Et j'ai regardé la rivière couler quand il n'y avait pas de poissons alors que j'étais venu dans cette région du monde à la fin de l'automne pour une partie de chasse à pied. Le gibier convoité était surtout le faisan. La meilleure journée dont j'ai souvenir produisit un tableau varié, de trois faisans, une perdrix, un coq de bruyère (tiré, aussi bizarre que cela puisse paraître, parmi des racines) et une bécasse tirée dans un bas-fond marécageux alors qu'elle volait en longeant une longue rangée de hêtres roux, juste au moment où le soleil disparaissait.

Je n'ai jamais pris là-bas un poisson qui vaille la peine d'en parler, sauf pour ce qui est du plaisir à le prendre. Mais je connais certains des blocs, saillies rocheuses et radiers aussi bien que le fond de ma poche. J'adore cette région. J'adore la vie qu'on y trouve, ses marécages, ses bosquets, et, oui, même ses collines presque verticales où l'on glisse dans la neige d'un soir d'hiver. J'adore ce décor anglais.

Et j'espère qu'aucune guerre, qu'aucun malheur tel que le 'progrès' ne l'altérera jamais.

Un décor immuable qui vous remplit de contentement

IX

Le chef de cuisine du vieux paquebot 'L'Olympique'. Les pêcheurs passionnés de Haute Savoie.

Le choix est difficile à faire, mais je crois bien que le Français est un pêcheur plus implacable que l'Anglais ou l'Américain. Nous connaissons tous la nouvelle de Maupassant dans laquelle deux amis partis à la pêche extra muros pendant le siège de Paris furent capturés par les Allemands et exécutés comme espions, après quoi les Allemands moqueurs mangèrent les poissons qu'ils avaient pris.(1) A la veille de cette dernière guerre, la toute dernière semaine avant qu'elle n'éclate en fait, je pêchais dans l'amorti d'une île en aval de Strasbourg avec un vieux Français dans sa barque, tandis que les soldats français grimpaient par des échelles à leurs postes de guet dans les arbres en regardant avec malveillance les sentinelles allemandes qui leur faisaient face de l'autre côté du Rhin au courant puissant. Nous utilisions des asticots pour attraper des poissons dont aucun n'était plus gros qu'un long cigare. Mais ce pêcheur aubergiste avait investi les économies d'une vie pour acheter une auberge à cet endroit précis, de façon à assouvir son passe-temps pendant ses heures libres (plus fréquentes que les heures de travail) – et maintenant, se plaignait-il amèrement, les sales Boches allaient un jour traverser le pont flottant et … il ne pêcherait plus jamais.

« Ou ils se serviront peut-être d'un canon pour me tuer sur place ! »

Jusqu'à ce jour-là en tout cas, il refusa de partir.

J'ignore si quelqu'un d'autre en a un jour été témoin, mais je n'ai jamais vu un de ces pêcheurs français accrocher autre chose que le fond de la Seine à Paris. Pourtant, pensez à tous les commerces négligés, au nombre de bonnes épouses françaises qui tenaient l'échoppe pendant que leurs maris par centaines restaient assis sur les berges de la Seine avec l'infime espoir de rapporter au foyer quelque chose qui justifierait une journée perdue. J'appelle cela du courage.

Si vous traversez la France vers le sud au printemps, quand les ruisseaux coulent au ras des berges et que les feuilles se parent d'un vert éclatant, il vous arrivera de penser que la moitié du pays est dehors, canne en main, à pêcher au ver ou à la teigne. Vous verrez (du moins, cela m'est arrivé une fois) les Français assis au bord de leurs canaux bordés de peupliers. Parfois, avec un petit poisson d'étain muni en queue d'un hameçon, vous les verrez se pencher à l'extrémité d'un pont sur une rivière, et manier leur canne de haut en bas par saccades incessantes. Ils pêchent la perche. Maintes fois, je suis sorti de la voiture pour les observer. J'ai une affinité pour eux et je ressens le même désir de savoir ce qu'ils pourraient bientôt attraper. Je connais la perche zébrée de bandes noires, et le spectacle de l'un de ces Français me rappelait toujours des journées printanières passées dans un canoë sur le lac venté de mon pays. Posez lui une question pertinente, et le Français, constatant que vous êtes un connaisseur, répondra en dissertant sur les habitudes locales.

Finalement, vous êtes tous deux récompensés : il en a attrapé une ! « *Eh bien, m'sieur – demi kilo* ! » C'est ainsi qu'un Français trapu et jovial du Midi, libre de toute inhibition relative aux valeurs sociales de la pêche, vous informe que le monstre qu'il exhibe doit peser au moins une livre.

J'ai découvert, en de pareilles occasions, que si vous accompagnez notre homme (et son trophée) à la terrasse de son petit bistrot favori sur la place du village écrasée de soleil, vous en saurez plus sur ce qui lui tient à cœur, ce qu'il pense vraiment de la vie et de la politique, qu'il ne serait possible par chantage ou fourberie. Il estime, en tant que confrère en Saint Pierre, qu'il peut parler franc. Vous partagez un lien commun. Et s'il vous arrive de faire un voyage au cours duquel le temps n'a pas d'importance, il vous présentera le soir aux membres de la société de pêche du village. Il n'existe guère de village français sans sa société de pêche.

Ces sociétés ne sont pas complètement inconnues en Angleterre ou bien aux Etats-Unis, mais elles sont extrêmement rares. En France, c'est une institution. Beaucoup d'entre elles proposent davantage que la seule pêche des poissons blancs du coin ; elles existent dans les régions à truite où leur fonctionnement démocratique est pareillement irréprochable. C'est particulièrement vrai en Haute Savoie où les torrents d'eaux vertes dévalent entre les forêts de pins et les flancs de montagne escarpés, là où, dans la plupart des autres pays, vous découvririez que chaque mètre de parcours aussi bons appartient à quelque riche propriétaire. J'étais passé par Paris pendant des années, souvent avec des semaines libres devant moi, me demandant si cela valait la peine de trouver où acheter un droit de pêche à la truite, pour toujours renoncer car cela paraissait compliqué. Puis tout à fait par hasard, je choisis un minuscule village d'altitude dans les montagnes de Haute Savoie pour m'installer et écrire mon livre sur l'Amérique du Sud. Et là je découvris le paradis du pêcheur de truite impécunieux.

Passant en voiture devant le lac d'Annecy, je m'arrêtai au magasin de pêche local pour voir quel genre de mouches on utilisait, et en acheter quelques-unes. Je fus stupéfait par l'élégance de cette petite boutique d'articles de pêche. Avec sa vitrine, ses présentoirs, sa longue rangée de cannes, elle aurait pu se trouver à Pall Mall ou St James Street à Londres. Elle respirait une telle compétence professionnelle. Mais ce qui me causa une surprise, un choc presque, ce fut quand le propriétaire, occupé à préparer un bas de ligne, se retourna pour me parler, car je me vis en train de regarder le frère jumeau du gérant du petit magasin de cycles et d'articles de pêche que j'avais quitté quelques jours plus tôt dans le Somerset.

Je lui en parlai plus tard alors que nous pêchions ensemble dans l'une des rivières de montagne. Mais ce jour-là, quand j'attendais qu'il se redresse, je me rendis compte que cela lui était impossible : il était bossu. Plus tard, au bord de la rivière, il me raconta pourquoi il ne pourrait jamais se tenir à nouveau droit : une balle lui avait traversé l'épine dorsale sur la Somme. Non seulement cela, mais quand nous fîmes mieux connaissance, il me conduisit au joli petit hôtel qui lui avait autrefois appartenu à Annecy, mais qu'il avait vendu pour se consacrer uniquement à sa petite boutique de pêche. « Vous pensez peut-être que je suis un idiot, m'sieur, mais je suis un homme complètement heureux. Dans mon hôtel, je gagnais de l'argent – mais dans ma boutique, je *vis* ! » Sur la rivière, au moment du casse-croûte, quand nous mangions sur la rive parsemée de gros blocs, un aigle volant très haut au-dessus de nous, il me dit qu'il était membre des Croix-de – Feu, les hommes cagoulés, l'organisation fasciste la plus violente dans toute la France, et que son frère venait de sortir de prison au bout de trois mois de détention parce qu'on avait trouvé vingt-six fusils dans leur maison.

C'était le meilleur pêcheur à la mouche de ma connaissance.

« Mais, *m'sieur* ! s'exclama-t-il alors que je rapportais mon sac de la voiture en ce premier jour, ces mouches ne sont pas pour ici ! *Pas ici* ! Que pensez-vous de celles-ci ? »

Je lui répondis que je n'avais jamais rien vu de ma vie qui ressemblât à ce qu'il me montrait. Il fut immensément heureux. « Ce sont, dit-il en fermant à demi les yeux comme un compositeur à la recherche d'un accord, quelques expérimentations de mon cru … Je vous suggère de les essayer. »

Je n'entre jamais dans un magasin de pêche sans en sortir ruiné. Mais ce jour-là, ignorant qu'il était si sincère, je n'achetai que trois ou quatre bas de ligne, et environ une douzaine de ses montages d'imitations de moucherons (dont l'aspect ne m'inspirait aucune confiance) en le remerciant par pure politesse. Quand il me demanda où j'allais vivre dans les montagnes et que je lui répondis que c'était soixante-quinze kilomètres plus loin, il ferma de nouveau les yeux.

«Trop loin, *m'sieur* … à moins d'être une chèvre. La rivière est pleine de gorges là-haut. Vous ne pourrez jamais y descendre. Même *moi*, je trouve que c'est presque impossible. »

Je retins un sourire en dévisageant cette petite créature proche du satyre devant moi, et écoutai patiemment tandis qu'il me faisait écrire les noms de certains villages où, me dit-il, je devrais commencer à pêcher plus en aval. Puis, sur un ton légèrement sarcastique, je lui demandai comment j'allais pêcher sur ces parcours alors que je n'allais résider dans aucun hôtel ou auberge le long de ce secteur aval. Avec stupéfaction, il répondit : « Mais la Société de Pêche ! »

Il écrivit alors le nom d'un Français de chacun des cinq petits villages et me souhaita bonne chance. « Peut-être, *m'sieur*, dit-il avec modestie, que nous pourrions passer une journée ensemble sur la rivière. »

Comme ce qui précède est un compte-rendu plus ou moins exact de notre conversation cet après-midi où j'étais impatient de poursuivre ma route, je me contenterai de dire que je remarquai que chaque Français dont il m'avait donné le nom était manifestement le propriétaire de quelque auberge ou café pour lesquels il faisait l'entremetteur, et que je perdis sa carte, qu'il m'avait contraint d'accepter, avant même d'arriver à ma propre auberge, le Lion d'Or.

C'est ce qui s'appelle un jugement hâtif.

Quelques jours plus tard, je descendis en voiture à l'extrémité des gorges et entrai dans un café. Le propriétaire et sa robuste fille étaient en train de servir des demi-litres de vin blanc au postier du village et au gendarme, me sembla-t-il, et à un ou deux autres messieurs qui ne portaient pas d'uniforme. Je demandai à parler au président de la société de pêche du village. L'homme aux bras velus derrière le bar déclara que c'était lui. Que désirais-je ? Je répondis que j'aimerais pêcher dans ce secteur de rivière, ce serait combien ? Il me demanda combien de temps. Peut-être un ou deux jours, voire plus, dis-je. Y avait-il des poissons par ici ?

En posant cette dernière question, je remarquai que le postier, le gendarme et les autres en civil avaient cessé de parler depuis mon arrivée. Maintenant je les vis me dévisager avec intensité. On me jaugeait. Je commençai à me sentir mal à l'aise ...

Le gros aux bras velus derrière le bar sourit, puis haussa les épaules. En regardant les autres, il dit : « Il y a des poissons effectivement ... » Il laissa la phrase inachevée, et si jamais l'on m'a jeté plus clairement ce défi : « Il y a des poissons – à condition que vous puissiez les prendre » - je veux être pendu. Les autres détournèrent alors le regard et reprirent leur conversation. C'était un mauvais début. Je payai quinze francs par jour, je pense, pour une semaine de pêche, but poliment un demi-litre de vin blanc, et quittai l'hôtel. Il fallut que je prenne mon courage à deux mains pour demander au propriétaire si cela le dérangeait que je laisse ma voiture en garde devant son établissement. Il dit que non, cela ne le gênait pas. Ce fut tout.

Là-haut, les rivières sont toutes alimentées par la fonte des neiges et beaucoup d'entre elles sont glaciales de sorte que même au cœur de l'été, vous trouverez de longs parcours d'eaux vives où il est difficile d'entrer dans la rivière. A proximité du Lion d'Or, comme l'avait annoncé le petit satyre d'Annecy, il y avait des gorges, et des escarpements si abrupts entre elles que c'était une véritable torture d'y descendre pour pêcher dans les quelques fosses accessibles. J'avais essayé et failli briser ma canne en glissant et dérapant parmi les denses forêts de pins pour pratiquer dans certaines de ces fosses. Mais il m'était impossible de remonter le cours de la rivière, ou de le descendre, pour pêcher dans la fosse suivante. Il n'y avait d'autre solution que de grimper sur le flanc escarpé, de marcher le long de la route de montagne et de redescendre pour pêcher dans une autre fosse. Cela ne me plut pas, ce n'était pas pour moi, bien que le propriétaire du Lion d'Or, cet affreux, s'exclama tout de même, quand je rapportai quelques truites lors de ma première tentative : « Alors ! Vous voyez que je ne mentais pas quand je vous ai écrit que mon hôtel possédait des kilomètres de bons parcours à truite ! »

Mais ici en aval s'amorçait la région des vergers et du blé des Alpes. La rivière s'élargissait, avec de longs amoncellements de blocs gris maintenant exposés au soleil. Il y avait des fermes d'un côté de la rivière et des forêts de pins qui poussaient sur des pentes raides de l'autre, et des falaises grises striées de minerai de fer.

C'était une région stimulante. En montant ma canne et tandis que j'humidifiais le bas de ligne, je vis de longs radiers et des veines d'eau profondes qui se glissaient entre les îlots formés par les rochers à sec après la décrue. La rivière formait aussi de longues et larges étendues d'eau verte. Très sagement, je fixai le bas de ligne du satyre.

Les truites d'ici, au dos clair et constellées de points rouge vif, prenaient la mouche – quand elles la prenaient – avec hargne et détermination. Cette rivière n'avait pas un régime glaciaire et dans cette eau limpide, je pouvais les suivre des yeux pendant une grande partie de la lutte. Dans un plat profond, où la rivière coulait si lentement qu'elle ressemblait presque à un lac de peu de profondeur, je pris le plus gros poisson de l'après-midi après avoir fixé une vieille mouche de mai dépenaillée. C'était un essai fantaisiste, mais les gobages incessants sous des branches d'arbres de la rive opposée me séduisirent. Je ne pouvais faire mieux que de m'avancer au plus près pour leur présenter la mouche, mais l'eau commença à suinter par-dessus mes cuissardes. Comme elle était froide ! A plusieurs reprises, je regardai la mouche flotter sous les branches, totalement ignorée. Puis il se produisit une vive éclaboussure. Je me reculai sur l'îlot de rocs et après un excitant combat de quelques minutes, mis un beau petit poisson de plus d'une livre et demie à l'épuisette.

Mais bien que je puisse dire avoir rarement vu une plus belle rivière à truites, je n'en touchai pas beaucoup. La raison m'en fut révélée vers cinq heures, quand je vis un homme sortir des buissons en face de moi (j'avais traversé la rivière du côté opposé au village) et accrocher un ver de bois au bout d'une ligne sans moulinet enroulée autour d'une canne ordinaire en bambou. Il expédia son appât dans l'eau et le laissa dériver dans une fosse qui commençait sous un arbre penché, et où j'avais lancé ma mouche. Abasourdi – je reconnus l'un des hommes en civil que j'avais vus à midi, assis à l'auberge – abasourdi, dis-je, et un peu en colère, je le vis en sortir une jolie truite de vingt-quatre ou vingt-cinq centimètres.

Pareille concurrence était trop rude. Je les vis apparaître, ces Français, l'un après l'autre, accrocher une larve (j'appris qu'ils les faisaient venir de Genève) et l'expédier rapidement à l'eau. On aurait dit que tout le village, y compris le postier, était au bord de l'eau pour six heures. Je renonçai. J'avais huit truites, dont aucune, à part la plus grosse, n'atteignait la demi-livre. Pourtant je sentais que je pouvais maintenant retourner en toute impunité à l'auberge du village. Et là, recru de fatigue, je m'assis à une table devant la tonnelle de l'entrée et commandai un litre de vin blanc.

La robuste fille sortit pour me servir, souriante maintenant : « *Et vous, m'sieur* ? *Bonne chance* ? »

J'écartai l'herbe dans mon sac et lui montrai la grosse truite. La personne qui sortit ensuite n'était autre que le propriétaire : « *Bien* ? » demanda-t-il.

Je répétai mon geste, avec le seul gros poisson. Il ne dit rien, mais comme je n'avais pas plié ma canne, posée contre la voiture, il s'avança et, s'en emparant, l'essaya avec quelques flexions du poignet. Puis – je l'observai procéder avec minutie – je le vis regarder les mouches et hocher la tête. Ensuite il revint s'asseoir à table près de moi, en la tapotant des doigts avec nonchalance.

« Où avez-vous eu celle-là ? » demanda-t-il, voulant dire par là ma seule grosse truite.

C'est donc ainsi que les choses commencèrent. Je restai là-bas les deux ou trois mois d'été à écrire mon livre, et tous les après-midi, je pêchais dans les ruisseaux ou rivières qui m'entouraient. J'ai rarement trouvé des compagnons plus sympathiques, plus savoureux que ces Français des sociétés de pêche villageoises. La présidence de la société, appris-je, était un honneur qui était censé tourner tous les ans. Et les propriétaires des auberges ou cafés des villages le prenaient toujours l'un après l'autre car cela leur apportait tellement de clients ! Le retour de la partie de pêche menait toujours directement au café, où l'on discutait les résultats du jour. Pour ce faire, il était nécessaire de prendre un demi-litre de vin blanc, peut-être plusieurs. Tous ne pratiquaient pas la pêche aux larves. A l'occasion, un homme âgé (peut-être le médecin du village) remontait d'un pas tranquille, une canne à mouche à la main, en lançant quelques remarques acides sur le reste de la clientèle.

Les truites au dos clair, constellées de points rouge vif

Mais tous adoraient la pêche. Ils adoraient peut-être encore plus en parler. Mais ils aimaient tellement la pêche elle-même qu'il ne me fallut pas longtemps pour découvrir que tous les secteurs de rivière situés à une courte distance de marche de l'un de ces villages, étaient tout simplement trop pêchés. Parlons-en « des trop nombreux pêcheurs sur la rivière » ! Parfois, leurs gaules en bambou à eux ressemblaient pratiquement à une barrière !

Ainsi, comme son nom était légendaire le long de la rivière, j'appelai le petit bossu à Annecy. Que dirait-il, demandai-je, de passer une journée de pêche ensemble sur la rivière ? Il me demanda d'attendre un moment. Il appelait toujours son épouse, une petite rousse potelée, 'mon petit' (comme le gros Sacha Guitry appelait son Yvonne Printemps adorée) et je l'entendis alors la cajoler – l'objet de l'échange étant manifestement de savoir si elle s'occuperait du magasin.

Puis sa vois claire me revint :

« C'est une certitude. Demain, à neuf heures précises, je vous retrouverai à … »

Il ne trouvait pas de nom car, dit-il, « il n'y a pas de village là-bas. » Mais il me fixa rendez-vous à environ vingt-quatre kilomètres en aval du secteur où j'avais toujours pêché ! « Je vous attendrai au bord de la route, ordonna-t-il avec enthousiasme, j'ai un petit coupé rouge Citroën, arrêtez-vous quand vous l'apercevrez. »

J'avais alors suffisamment gagné la confiance de M. Vacheron, propriétaire du Lion d'Or, pour savoir qu'il avait été le chef de cuisine spécialisé dans la préparation des poissons, sur le vieux paquebot 'Olympique'. Il avait cuisiné dans le restaurant 'privé', cette salle à manger *de luxe* où les millionnaires et les vedettes de cinéma se gavaient pendant la traversée de l'Atlantique. Ils avaient dix-sept chefs pour trente-huit passagers en moyenne. C'était un homme distingué.

« Mr Pierpont Morgan, dit M. Vacheron, commandait *toujours* des huîtres *au gratin* et du homard Newberg. »

Apprenant ce soir-là que je devais pêcher avec le célèbre M. Croisier, il se demanda s'il ne me serait pas possible de rapporter vivantes quelques-unes de mes truites, comme le faisaient certains pêcheurs de la région, à l'aide d'un petit fût ou boîte de conserve qu'ils portaient sur le dos. Je lui dis fermement que non, nous devions nous en tenir à nos habitudes. Je n'avais pas l'intention de m'alourdir dans ces ruisseaux tumultueux de livres supplémentaires d'eau brinquebalante.

« Très bien, soupira M. Vacheron, j'aimerais vous préparer la vraie *truite au bleu*. Mais pour cela, il me la faut vivante. Je la cuis vivante et ensuite je la vide. Si vous ne pouvez pas les rapporter vivantes, alors vous devez marquer les deux ou trois prises en dernier, les dernières à mourir – et je ferai avec. Je cuirai celles-là. La couleur ne sera pas *truite au bleu*, mais elles seront presque aussi bonnes. »

M. Vacheron revivait son passé à l'aide de nombreux cognacs tous les soirs, et maintenant, découragé par mon refus de lui fournir des truites vivantes, il déclara : « L'âge d'or de la cuisine est révolu, M. Farson. Ce sont les sauces. Les truffes avec crème et beurre, même les grands restaurants y ont moins recours. De notre point de vue, celui des chefs de cuisine, le meilleur restaurant au monde était sans doute le Café Royal de Londres quand Mrs Nobel en était propriétaire … Ah … tout ! … des centaines de truffes … tout le beurre que vous vouliez … si un plat n'était pas préparé à la perfection … on le jetait au feu … »

« Et certains des plats que nous préparions autrefois … Les Crêpes Veux-tu? … ! C'étaient des crêpes cuites à l'eau-de-vie d'abricot … avec de la meringue en forme de lézards et des cerises en guise d'yeux … et puis des petits paquets de pêches fraîches et d'ananas tout autour … ! »

Tandis que nous étions assis dans sa cuisine où il évoquait en soirée ses souvenirs, la pluie coulait en torrent sur les vitres. Il y avait eu une grosse averse ce jour-là. Et nous avions vu une chose ahurissante : une ferme frappée par la foudre sur la prairie alpestre. C'était l'une de ces constructions ressemblant à un chalet suisse, avec de larges pierres qui maintenaient les bardeaux de la toiture. Elle se mit à flamber comme si elle avait été frappée par un obus. De notre balcon, nous avions observé l'imposante conflagration.

Les propriétaires étaient absents, juste après avoir conduit leur bétail sur l'alpage. « Et maintenant, déclara M. Vacheron, qui savait tout, ils ont perdu tout leur argent – il est en train de brûler là-bas en ce moment – car vous savez, M. Farson, qu'un paysan français ne dépose jamais son argent à la banque. Il ne fait pas confiance aux banques. »

Quant à moi, égoïstement, je ne m'inquiétais que de la pluie : allait-elle compromettre ma journée du lendemain avec M. Croisier ? Je me réveillai tôt : la forêt de pins étincelait sous un ciel bleu azur. Je bus mon bol de café, sautai dans la voiture, et de dérapages en embardées sur la route de montagne glissante, arrivai à l'endroit, quarante kilomètres plus bas dans une épaisse forêt, où une petite Citroën rouge était presque couchée sur le côté dans un fossé. M. Croisier était d'humeur joyeuse : « On va avoir une belle journée ! »

La seule habitation que nous dépassâmes ce jour-là était une scierie, car kilomètre après kilomètre, les berges de la rivière étaient trop abruptes pour toute agriculture. C'est pourquoi il n'y avait pas de villages, et tant de truites. Mais M. Croisier pêchait d'une façon spéciale. Il lançait une mouche noyée en amont, *directement* devant lui. Il prit trente-sept truites, et moi, je crois, dix-sept.

Mais quelle pêche !

Nous lancions une longueur de ligne à peine supérieure à celle de nos cannes, et pêchions derrière chaque rocher, chaque bloc et avancée rocheuse. M. Croisier attrapa même des truites au ras de la rive. Toc Toc Toc, faisait M. Croisier.

« Mais, protestai-je d'abord, vous ne laissez pas vos mouches sur l'eau assez longtemps pour que les poissons les prennent ! »

Le petit bossu sourit : « Ne vous inquiétez pas, M. Farson. Si les truites sont là, je les prendrai. »

Le problème, expliqua-t-il, c'est que là où le courant était si rapide, spécialement après l'orage en montagne, les truites ne *pouvaient pas* quitter l'abri qu'elles avaient trouvé, et c'est pourquoi, dit-il, nous en trouverions en si grand nombre contre la rive. Par ailleurs, si nous laissions la ligne reposer sur l'eau plus de quelques secondes, nos bas de ligne seraient aussitôt balayés dans nos cuissardes. « Non ! Il faut faire comme ça ! » - et il posa ses mouches derrière un rocher devant nous comme si elles étaient fixées à l'extrémité d'une baguette. Je n'ai jamais rien vu de tel.

Jamais non plus je n'ai vu un tel enthousiasme. Nous approchions d'un ou deux plats ou fosses assez grands, mais avant que je ne puisse les atteindre, le petit satyre se précipitait avant moi. Il ne pouvait pas résister. « *Pardon, m'sieur* ! » disait-il toujours, en s'excusant de son égoïsme, puis il me dépassait jusqu'à la fosse suivante sans état d'âme. La forêt, les rochers, l'eau vive étincelante, tout était si frais par cette matinée ensoleillée, avec les nuages blancs qui filaient dans le ciel bleu au-dessus de nos têtes, que je me sentis trop rempli d'une pure joie de vivre pour être choqué par ses agissements. Mais je décidai que la prochaine fois que M. Croisier et moi irions pêcher, c'est moi qui passerai la vitesse supérieure.

Il y avait une fosse près de la scierie, avec des troncs immergés avant d'être débités. Là M. Croisier posa sa canne à mouche et sortit de la poche dorsale de sa veste une petite canne courte, d'une longueur égale à un brin de canne à truite. C'était un scion solide avec à son extrémité un anneau décentré en fil de fer. Ceci, dit le satyre, était une Dandinette. Il produisit alors de son sac un cadre en bois très semblable aux plioirs qu'on voit en vente dans les boutiques de pêche, sur lesquels sont enroulées des lignes prêtes à l'emploi. Mais sur celui-ci il n'y avait que des mètres et des mètres de solide racine anglaise, juste disons quelque soixante à cent mètres de bas de ligne. Et au bout de ceci, M. Croisier enfila un petit devon en plomb, après quoi il fixa un hameçon à l'extrémité de la racine.

« Vous voyez, dit-il en l'expédiant d'une pichenette, je peux lancer ça n'importe où. »

Le petit devon en plomb s'envola … la racine se dévida du cadre aussi facilement qu'une ligne à lancer d'un moulinet Silex, et ploc ! le devon atterrit dans la fosse à , disons, quarante mètres de nous. A l'instant où le leurre tomba à l'eau, M. Croisier le récupérait déjà par de rapides enroulements du cadre en bois. Et il le faisait à la vitesse à laquelle vous récupéreriez votre devon à l'aide d'un moulinet à lancer.

Une truite attaqua le devon et quand elle sauta, je vis celui-ci remonter de quelques mètres le long de la racine. « Vous voyez, exultait l'expert, quand le devon remonte sur la ligne, elles n'ont aucun appui … »

C'était purement pour m'amuser, dit-il, qu'il avait apporté la Dandinette. Ensuite, pour me montrer tout ce qu'il pouvait en tirer, il lança le devon en amont où la rivière se perdait dans la fosse – et le récupéra pareillement.
« Mais cela, M. Farson, … n'est pas comme la pêche à la mouche ! »

Je n'en étais encore qu'aux prémices de mon séjour de deux mois, et ce fut le début d'une amitié avec M. Croisier, ce qu'il me fit savoir sans équivoque.
Cela eut lieu à la fin de cette journée, avant d'entamer notre longue marche pour retourner à nos voitures, car nous avions pêché tout ce temps en remontant la rivière et avions atteint un village. Là, après la pénible ascension depuis la berge, M. Croisier et moi nous reposâmes dans la cour de la petite auberge. Et pendant que nous buvions quelques litres de vin blanc, je tentai de lui payer quelques bas de ligne et mouches que je lui avais empruntés sue la rivière. Il leva sa petite main d'un air consterné :
« M. Farson ! Non ! Dans ma petite boutique d'Annecy, je vous ferai *tout* payer, et *cher* ! Mais sur la rivière, M. Farson … sur la rivière nous sommes amis ! »

Ce fut un geste de la *belle France* que je n'oublierai jamais.

X

Les rivières rapides de Norvège

Si vous avez jamais senti, sur quelque plateau élevé de Norvège, la mousse de renne craquer sous vos bottes (et il est possible de chasser des rennes sauvages à moins de cent cinquante kilomètres de Bergen) ; si vous vous êtes jamais assis en suivant du regard les doigts verts de l'Atlantique qui s'étirent dans les fjords rocheux et fissurés, sachant qu'il faudra une journée et une nuit, suivies d'une autre journée encore pour gagner en voiture et bateau une rivière qui coule presque directement en face de vous et dans laquelle vous espérez pêcher, alors qu'à vol d'oiseau deux heures suffiraient ; si vous vous êtes jamais tenu, l'eau jusqu'aux cuisses, dans l'une de ces grandes rivières en résistant à la poussée du courant, alors …

Je laisse à quiconque ayant pêché en Norvège le soin de finir ma phrase. Moi, je ne le peux pas. Je cherche mes mots, et les adjectifs ‘primitif’ et ‘majestueux’ me viennent automatiquement à l’esprit. Mais il y a quelque chose de prodigieusement sauvage dans la pêche en Norvège auquel ces adjectifs ne rendent pas justice. Nous en resterons là.

A Oslo, lors du déjeuner avec le président du Club de Pêche et Chasse et avec Lairdahl Grieg, nous parvînmes à la conclusion que la majeure partie des bonnes pêcheries de Norvège avaient été soit louées, soit carrément achetées par de riches étrangers, principalement des Anglais ; que louer un parcours sur l’une des rivières moins renommées revenait surtout à perdre son temps ; et que tout notre projet de partir sur ces bases, était de toute façon une affaire trop commerciale. Mieux valait essayer de prospecter certains lieux éloignés, plus inaccessibles. Nous tombâmes d’accord.

« Je connais un endroit, » dit le président du Club. « C’est au cœur du pays – à soixante-cinq kilomètres de la route carrossable la plus proche. C’est assez éloigné, comme votre pauvre voiture vous le fera savoir. Ça s’appelle Gjendesheim. »

Il n’avait pas exagéré. Quelques jours plus tard, je quittai la route principale dans le centre de la Norvège pour m’engager vers l’ouest sur ce qui ne pourrait passer pour autre chose que soixante-cinq kilomètres d’ornières et de bosses à travers une épaisse forêt de pins pour déboucher au coucher du soleil sur l’un d’une série de lacs étagés, sertis dans des montagnes prodigieuses. Il y avait là un excellent hôtel, à la clientèle uniquement norvégienne, et je louai une cabane en rondins installée sur le bord d’une rivière qui sortait de ce lac pour dévaler vers le suivant, plus bas. La nuit, nous dormions sur des couchettes de planches, avec un grand feu où brûlaient des bûches de pin noueux dans la cheminée ouverte. Je pêchai là-bas pendant plusieurs semaines tout en relisant les épreuves de mon livre sur l’Amérique du Sud que j’avais terminé en Haute Savoie.

Se réveiller dans une pièce en planches de pin naturel uniquement, lisses et odorantes ; se laver ensuite à l’air vif et froid de Norvège ; puis prendre un petit déjeuner de truite fraîche de deux livres, de pots de lait, de grosses tranches de pain beurré croustillant, ou bien de hareng macéré dans du vinaigre, de boules de viande, de saumon fumé, de salade, et Dieu sait quoi encore –

c'est l'un des aspects de la robustesse de la pêche en Norvège, dont aucun adjectif ne saurait qualifier l'expérience déconcertante. Vous vous sentez en vie comme jamais auparavant !

La rivière elle-même coulait à moins de quinze mètres de la porte de la cabane. Je m'étais endormi en écoutant son rugissement. Je dois dire qu'il y avait là-bas l'un de ces inévitables Anglais, un reclus qui possédait une cabane en rondins au toit de terre, sur la berge en face. Il m'avertit : « N'entrez pas dans la rivière sans un solide bâton de wading. Je ne le fais jamais car on peut être facilement balayé par le courant et se retrouver dans l'océan Atlantique. » Comme il partait faire de l'escalade en ce premier jour, il me prêta son propre bâton de wading jusqu'à ce que j'en trouve un. Le sien se terminait par une solide pointe d'acier.

Comme je l'ai dit à plusieurs reprises, on ne trouvera pas de poisson record, ni même de poisson énorme dans ce livre. Le plus gros que je pris à Gjendesheim pesait moins de trois livres. D'un autre côté, tous les autres faisaient toujours entre une et deux livres, et tous furent pris dans ces eaux rapides. En revanche, celui qui pesait moins de trois livres ne faisait pas tellement plus de deux !

La fascination particulière de cette pêche résidait dans l'approche des endroits les plus inaccessibles de la rivière, qui bien sûr étaient les endroits les moins pêchés. C'était presque comme un jeu. Une autre chose ensuite contre laquelle il fallait se prémunir était d'avancer d'un pas sur un rocher, perchoir comparativement sûr, et se retrouver dans l'eau jusqu'au cou. Le fond de la rivière était aussi déchiqueté que les Alpes. Et naturellement comme tous les idiots, j'eus ma pire expérience dès le premier jour.

J'avais pris une ou deux truites de plus d'une livre chacune dans un secteur rapide d'eau relativement lisse au-delà de l'endroit où la rivière bouillonnait dans un resserrement de rochers. La bagarre avait été excitante car il était inévitable que ma ligne se prenne dans des rochers avant que je puisse conduire le poisson directement à l'aval de ma position. Je me sentais plutôt content de moi, d'autant plus que j'avais remarqué la présence de deux ou trois Norvégiens qui prenaient le soleil sur la rive en me regardant nonchalamment. Je m'avançai avec précaution un peu plus loin, coinçai fermement le solide bâton de l'Anglais entre deux rochers, et commençai à allonger la soie aussi adroitement que possible pour effectuer un long lancer et expédier la ligne loin au milieu de ce poste séduisant. Et là je pris à mon premier essai une truite de deux livres.

Non seulement cala, mais la tirée de la truite en aval fit passer ma ligne à l'écart des rochers qui l'avaient précédemment accrochée, et je fis donc passer la truite en aval de ma position, en lieu sûr, sans trop de difficultés. Je savais que je n'oserais pas l'y maintenir en essayant de m'en rapprocher. Alors j'entrepris de tirer à contre-courant sur cette truite batailleuse de deux livres. Elle était tellement loin en aval que je me savais incapable de lui faire sortir la tête hors de l'eau – ce que j'ai déjà fait en risquant mon va-tout pour ensuite glisser le poisson sur un courant vif jusqu'à moi – alors, je la maîtrisai par étapes en espérant qu'elle se fatiguerait. J'étais sûr de mon matériel car j'avais débuté en Norvège avec des bas de ligne entièrement neufs et je n'avais pas de doute qu'elle était bien prise. C'était simplement une question de patience, et j'eus ma récompense.

A ce stade je remarquai du coin de l'œil que les Norvégiens sur la berge s'étaient tous relevés, manifestant presque autant d'intérêt que moi. Ce fut donc avec une certaine fierté que je glissai mon épuisette sous cette beauté d'un kilo. En fait je me tournai légèrement pour regarder les Norvégiens (montrer leur approbation) en la sortant de l'eau. C'est alors que la truite passa au travers de ce misérable filet ...

Cette épuisette était le seul article que je n'avais pas changé à mes débuts en Norvège. Je l'avais trop rafistolée en France et j'allais maintenant le payer.

Dans mon excitation, je lâchai le bâton sur lequel mon bras s'appuyait et fis un pas en avant comme pour saisir le poisson à la main – et glissai dans un trou d'eau entre les rochers. Le poisson, l'épuisette et moi entamâmes notre voyage de cent cinquante kilomètres vers l'Atlantique. Je me remémorai à ce moment-là que j'avais des chèques de voyage de cent dollars dans ma poche, que mon éditeur Lairdahl Grieg venait de me donner à Oslo comme avance sur mon livre sur l'Amérique du Sud. *L'eau allait annuler mes signatures* ! Mais je fus alors bloqué, en m'y cognant violemment, par un autre rocher en saillie et vis que je pouvais me relever – et que je tenais toujours le poisson.

Ces Norvégiens, je crois, durent penser que j'étais fou, car je continuai à tenir la truite, avec la ligne qui passait au travers du filet de l'épuisette, mais elle était pour lors tellement épuisée que je l'entortillai pratiquement dedans. Puis à pas chancelants j'atteignis la rive. Les Norvégiens qui étaient descendus pour me sauver, virent un homme courir sur la rive en tous sens et poser de petits bouts de papier sous les cailloux ! J'ignore s'ils pensèrent qu'il s'agissait de quelque rite sacré, en tout cas ils ne s'approchèrent pas de moi. Puis tandis que les chèques séchaient, je m'étendis sur le dos en relevant les jambes en l'air pour évacuer l'eau de mes cuissardes. Finalement je retrouvai la truite qui se débattait dans l'herbe, l'hameçon piqué dans les mailles du filet. Elle avait failli retourner à la rivière…

Mais la pêche n'était pas à la hauteur des promesses qu'on m'avait faites. Et un matin où j'avais décidé de me lever afin de pêcher à l'aube, j'en connus la raison. Je vis deux paysans norvégiens aux cheveux ébouriffés qui revenaient du parcours même où j'avais eu l'intention de pêcher, *avec un filet de cent mètres* ! Maintenant je comprenais pourquoi nous avions à chaque petit déjeuner des truites d'une et de deux livres alors qu'il aurait été impossible aux rares clients pêcheurs d'en capturer autant. Je comprenais aussi pourquoi nous n'aurions pas pu en prendre autant. Et je comprenais enfin pourquoi il fallait pratiquement risquer la noyade en essayant d'atteindre des postes inaccessibles dans la rivière pour toucher un gros poisson. J'étais furieux.

Plus haut dans les montagnes, dans deux lacs dont on m'avait dit qu'ils grouillaient de poissons, je ne pus pas en faire monter un seul sur la mouche. Quand au crépuscule quelques soirs plus tôt, j'étais redescendu du lac le plus en altitude, fatigué et désorienté, un diplomate norvégien qui était descendu au petit hôtel près de ma cabane en bois, s'était moqué de moi.

« Mais il n'y a pas de truites là-bas ! Absolument aucune ! Les paysans ont pêché au filet dans ces deux lacs à l'automne dernier. »

« Pourquoi ? »

C'est alors que la truite passa au travers de ce misérable filet …

« Parce qu'on leur avait dit qu'il y aurait un marché pour les truites fumées. »

« Mais pourquoi ne vous les en *empêchez*-vous pas ? »

« C'est impossible. En Norvège, les paysans qui vivent sur place détiennent le droit d'eau en lac ainsi que dans les rivières et ruisseaux qui traversent leurs terres. Ils peuvent faire ce que bon leur semble, jusqu'à un certain point. »

Le point en question, expliqua-t-il, c'était quand un fermier voulait vendre son droit d'eau. Il pouvait le louer à qui bon lui semblait, mais quand il était question de le vendre à un étranger, alors la communauté avait son mot à dire.

« S'ils apprécient cet étranger, dit-il, parfaitement imperméable à l'incongruité de son propos, alors tout va bien. Mais s'ils pensent que c'est un vaurien, alors ce dernier ne peut pas acheter le droit d'eau. De toute manière, la communauté doit donner son aval. »

La communauté se compose des fermiers locaux.

Ce n'était pas le nouveau gouvernement travailliste, insista le diplomate, mais un demi-siècle de tradition qui était responsable des lois qui maintiennent et préservent l'indépendance du petit paysan norvégien. Les compagnies d'électricité hydraulique achetaient autrefois le droit d'eau du fermier naïf pour une somme dérisoire, puis transformaient sa chute d'eau en une centrale électrique. Maintenant la loi décrète qu'avant la conclusion d'une vente, la communauté doit être consultée, et qu'en plus de la somme globale payée, la compagnie d'électricité hydraulique doit verser une annuité au paysan. Si un paysan vend sa ferme maintenant, il est d'ordinaire obligatoire que l'acheteur, en sus de la somme initiale, doit payer une certaine somme tous les ans.

« Vous savez comment sont les fermiers, » dit le diplomate. « Autrefois, quand ils avaient vendu leur ferme, ils descendaient à Oslo ou Bergen, menaient grande vie quelque temps et ensuite dilapidaient leur argent dans la boisson ou le jetaient par la fenêtre. Ils n'avaient pas l'habitude de si grosses sommes d'argent. Alors nous pensons aujourd'hui qu'il est préférable de les protéger d'eux-mêmes. »

« Oui, insistai-je, mais ces droits de pêche ! Ne pouvez-vous pas leur faire comprendre qu'ils scient la branche sur laquelle ils sont assis en exerçant leur droit de pêche au filet ? Ils pourraient acheter plus de poissons avec l'argent des locations qu'ils n'en prennent au filet ! »

« Ah – mais ils perdraient leur indépendance. »

Quelle que fût leur devise, fis-je remarquer avec humeur, la paysannerie norvégienne, en pêchant au filet dans ses rivières, était en train de tuer la poule aux œufs d'or : le pêcheur anglais.

Ce matin-là, après avoir vu les cent mètres de filet, je ne pêchai pas. Au contraire, je démontai mes cannes et les déposai dans leurs fourreaux. Et au petit déjeuner, j'entrepris le diplomate à nouveau.

« A vous entendre l'autre jour, lui dis-je, votre explication m'a semblé être du pur socialisme appliqué. Mais dites-moi, êtes-vous monté ici à Gjendesheim pour pêcher dans la rivière ? »

Il me répondit que bien sûr c'était le cas.

Alors je lui parlai des cent mètres de filet que j'avais vus à l'aube. Cela le secoua un peu, sans toutefois le démonter. Il répéta qu'ils ne faisaient qu'exercer leurs droits, ces paysans norvégiens, leur complète indépendance.

« Eh bien, dis-je tristement, il n'y a probablement aucun peuple sur terre que j'aime davantage que les Norvégiens. Mais j'en ai ma claque de l'indépendance ici. Je pars. »

La route était sinueuse, comme je l'ai indiqué au début de ce chapitre ; mais quelques jours plus tard, je conduisais en longeant l'un des plus longs glaciers du monde pour descendre dans le fjord d'Olden. J'avais entendu dire que je pouvais y pêcher la truite de mer. Mais je découvris en arrivant que la pêcherie avait été rachetée. Je déclarai avec tristesse à l'hôtelier que j'allais partir, puis entrai pour dîner.

Tandis que je prenais mon repas, un vieil homme grisonnant et digne entra. Il me salua brièvement comme le font les Norvégiens, en inclinant légèrement la tête, puis me demanda : « C'est vous qui avez écrit *Over Alle Grenser* ? » (1)

Je le saluai en répondant par l'affirmative.

Il me tendit la main. « Il y a assez de place pour nous trois sur la rivière, dit-il. Mon fils est ici, venez faire sa connaissance. »

Etant donné le malheur qui frappe la splendide Norvège aujourd'hui, je tairai son nom. Mais c'était une figure distinguée de la vie norvégienne. Non seulement cela, mais lui et son grand homme de fils étaient deux des meilleurs pêcheurs que j'ai eu le plaisir de rencontrer. Ils pratiquaient le long lancer circulaire à la norvégienne qui vous permet, semble-t-il, de déployer la longueur de ligne souhaitée, puis de l'expédier au travers de la rivière la plus large. C'était quelque chose de tout à fait nouveau pour moi, et je passai des jours à le pratiquer.

La veille de mon arrivée, ils avaient pris dix poissons dont trois dépassaient les huit livres. Il fallut évidemment que de violents orages éclatent dans les montagnes derrière nous le soir où je rencontrai cet homme distingué, si bien qu'à notre réveil le matin la rivière était en crue, pleine de tourbillons d'eau sale.

Je pêchai là quelques jours en leur compagnie et pris une truite de mer de quatre livres et demie, ce qui, avec seulement ma petite canne Duplex, était de toute façon le plus gros poisson que je pouvais maîtriser. Le père en prit une de cinq livres. Nous bûmes de l'*aqua vitae* à notre santé, et ils chantèrent de petites chansons à boire norvégiennes, tandis que nous nous réchauffions devant un feu de bûches de pin et discutions de ce que nous aurions pu mieux réussir ce jour-là. Le vieil homme en avait passé une partie dans une embarcation maintenue en biais contre le courant par deux longues cordes tirées par deux hommes sur la berge.

Puis je fis mes au revoir et entamai le long voyage sinueux du retour en Allemagne.

Cette histoire a un triste épilogue. Dix jours après le déclenchement de la guerre, alors que je traversais la Norvège, je m'écartai considérablement de ma route pour serrer la main de ce vieux Norvégien distingué. Il était au plus profond désespoir. Sans enthousiasme, il me montra quelques photos de ses pêches faites l'été précédent, dont une où lui et son fils avaient pris cinq truites de mer de plus de dix livres chacune. Mais il rangea les clichés d'un geste de dégoût.

« Je ne vais plus retourner à la pêche avant la fin de la guerre, dit-il avec amertume. Ce serait honteux … quand il y a tant de souffrances. »

XI

La Yougoslavie. Escalades. Braconnage de la rivière du Régent.

Dans ce recoin de montagnes où se rejoignent l'Autriche, l'Italie et la Yougoslavie, les Yougoslaves étaient tranquillement en train de bâtir la paradis du sportif, principalement à cause des huttes de skieurs qu'ils construisaient dans les Alpes Dinariques. Même en plein été, on pouvait escalader des parois couvertes de neige pendant des jours. On pouvait se perdre dans la brume, comme cela m'est arrivé, et penser que cette fois on allait certainement y rester. Puis la brume se déchirait, et l'on voyait trois chamois vous fixer, perchés sur un point de vue de rocs rouges. De ces neiges suintent des ruisseaux, qui deviennent des rivières où nagent certaines des plus belles truites d'Europe. Et si cela semble une étrange déclaration, il n'en est pas moins vrai que les meilleures et plus régulières pêches de truites que j'ai jamais faites l'ont été dans les montagnes de Slovénie.

Pour illustrer ce que j'entends par 'régulières', je dirai qu'un soir je pris douze truites dans la Savitca, dépassant toutes la livre. La plus grosse pesait un kilo. Le lendemain soir, j'en pris onze, toutes de plus d'une livre. Le soir suivant, j'en pris dix, toutes de plus d'une livre encore. Le nombre des captures se réduit car je pêchais dans un parcours limité : je braconnais la rivière du Régent. Il n'y aura là rien de nouveau pour lui, car il avait découvert le pot aux roses, et refusa en conséquence de m'accorder un entretien. Ce qu'il ne sait pas, c'est qu'après son arrivée au petit pavillon de chasse dans les montagnes et après m'avoir repéré, je continuai à braconner sa rivière le soir au moins une fois par semaine.

Il m'intéresse grandement de savoir si lui ou moi reverrons un jour cette rivière.

Ces rivières descendaient de hauts plateaux montagneux au relief tourmenté, dont beaucoup de parois exposées au nord étaient couvertes de neiges éternelles. Il fallait attendre le printemps pour escalader cette partie du monde car lors de la fonte des neiges dans les clairières du bas, quand les premiers crocus perçaient les plaques de neige intactes, la forêt était encore d'une obscurité hivernale. Lorsque les feuilles des hêtres étincelaient le long du rivage du lac, leurs bourgeons ne s'ouvraient pas encore à des centaines de mètres en altitude. Les berges des ruisseaux du bas se paraient du bleu des gentianes, la grande gentiane en forme de cloche et la petite d'une couleur plus vive. Les vallées alpines se tapissaient de fleurs sauvages, et à mesure que progressait l'escalade, on trouvait parmi les rochers des primules roses, mauves et jaunes. Il devenait alors périlleux de continuer à grimper pour cueillir un edelweiss.

A l'endroit où un homme avait perdu la vie dans ces montagnes, les paysans peignaient une petite icône commémorative sur un rocher ou un arbre. Si Hans était peint la tête en bas, vous compreniez qu'il était tombé d'une falaise. S'il était peint face contre terre, avec un autre homme debout et tenant à la main une scie ou une hache, alors vous saviez qu'un arbre s'était écrasé sur lui tandis qu'ils abattaient une coupe. Ils étaient représentés avec un primitivisme consciencieux, de même que les peintures paysannes des saints qui décoraient les murs blancs de toutes les petites églises. Saint Christophe était le préféré, il était représenté faisant traverser les eaux au Christ en le portant sur ses épaules. Les trois auberges au bord du lac appartenaient à un ordre sacré. Le mien s'appelait l'Ordre de Saint Jacques. A proximité se dressait une petite église qui portait le nom du Saint Esprit. Et là, un certain dimanche de printemps, les paysans venaient célébrer une messe en l'honneur de la mouche de mai.

Je n'en ai jamais appris l'origine. Mais deux années de suite, je les vis se rassembler là, tenant tous des parapluies et priant le jour de la mouche de mai.

C'était une terre de pâturages, où la vallée se remplissait du tintement des clochettes des vaches, chèvres et moutons au crépuscule … à mesure que les jeunes garçons faisaient descendre les troupeaux. Puis un soir le fracas de charrettes se faisait entendre quand les paysans emmenaient tout leur bétail à l'estive.

Il y avait là-haut sept lacs : un lac rose, un autre bleu aigue-marine, un bleu de roi et un vert. Et parmi le paysage désolé des rochers qui les ceignaient, se dressait un autre monument, nettement moins sympathique. Il avait été érigé à la mémoire de trois soldats russes qui avaient tenté d'échapper aux soldats allemands. Ils reposaient dans la tombe qu'on leur avait fait creuser avant d'être fusillés par les Allemands. Le Club Alpin Yougoslave avait posé une plaque à leur mémoire. On pouvait escalader le mont Triglav, et contempler l'Italie. Dans ces hauts cols, j'ai vu des Slovènes remonter dans l'autre sens pour fuir Mussolini, ce César de pacotille.

Des fraises sauvages poussaient sur les pentes ensoleillées.

Je n'ai jamais vu d'aussi belles truites. Dans les eaux vives, tumultueuses et glaciales de la Savitca, leur dos était mauve pâle, et leurs points rouge vif écarlate. Dans le lac lui-même, je pris une fois une truite, qui accusait plus d'un kilo, dont la robe était plus sombre mais qui devait avoir un million de ces taches écarlates. Elle était si belle que je voulais la remettre à l'eau, mais elle s'était presque asphyxiée avant de se laisser prendre. Puis il y eut un ombre doré aux larges flancs qui monta brutalement dans les vifs courants et faillit casser la ligne avant de se laisser mettre au sec. Cet 'esche' était beaucoup plus prisé dans les Balkans que n'importe quelle truite. Avec sa petite bouche, on ne le croyait pas capable d'offrir une pareille défense.

La rapide Savitca s'évasait dans le lac sur un haut-fond de rochers arrondis. Ses derniers courants venaient heurter la rive opposée, et debout parmi les rochers de l'autre côté, on lançait dans l'eau vive qui coulait en face. Quand un poisson prenait la mouche, il vous arrachait presque la canne des mains. Il se comportait comme un boxeur qui bondit de sa chaise et combat dès que retentit le gong. Dans des eaux pareilles, il n'est pas question de prendre son temps, que ce soit pour le poisson ou le pêcheur. Au début du printemps, les poissons sont dans la rivière, mais quand le courant se raréfie, ils se déplacent vers le lac. Puis quand le lac se réchauffe, ils remontent à nouveau dans la rivière. Maintenant, alors que brille le chaud soleil de juillet, les neiges fondent très rapidement en haute montagne et la Savitca n'est rien d'autre que de la glace liquide. Il est hors de question d'y pêcher sans cuissardes – ou alors vos jambes vont gonfler.

Le *Fisher* m'avait dit que des truites de dix livres se cachaient dans ce lac, mais je ne l'avais jamais cru. Puis un jour, alors que je m'avançais dans l'eau pour lancer au-dessus de la bordure de ce haut-fond rocheux, une énorme forme noire fila sous l'eau en me dépassant, à la poursuite d'une truite d'un kilo au moins. Cette dernière se réfugia sous les branches d'un arbre emporté par la rivière et qui était resté coincé parmi les rochers du haut-fond. J'observai la scène : je voyais presque la petite truite reprendre son souffle, tant elle avait été effrayée, tandis que la grosse truite cannibale l'attendait à la sortie du trou où elle s'était mise à l'abri. Aussi lentement qu'il m'était possible, je défis mon bas de ligne et essayai de fixer un petit devon au bout de ma ligne. Il se pourrait qu'elle brise ma canne, mais ça en aurait valu la peine. Mais en un éclair – la grande truite noire cannibale avait perçu mes mouvements – elle disparut.

Ce *Fisher* était la malédiction de ce paradis de montagne. Lui et l'Administrateur, petit bureaucrate qui ressemblait à un fox-terrier, affublé d'un chapeau vert orné d'un énorme plumet en peau de chamois.

« Vous devez payer 150 dinars de taxe d'Etat, » dit l'Administrateur.

C'est-à-dire environ 15 shillings, guère plus qu'un permis pour la truite dans le Somerset, mais …

« Vous devez payer 10 dinars par jour de pêche. »

« A qui ? »

« A l'Etat. »

Bon, un shilling par jour, ce n'est pas beaucoup, mais …

« Vous devez donner toutes les truites, mais vous pouvez les racheter pour 45 dinars le kilo. »

« A qui ? »

« A l'Etat. »

« Mais ce sont mes truites. »

« Elles sont la propriété de l'Etat. Toutes les truites sont la propriété de l'Etat. Si vous ne voulez pas les acheter, l'Etat ne vous les fera pas payer. L'Etat les gardera. »

« Bon, et quoi d'autre ? »

« Un *Fisher* doit vous accompagner. »

« Oh, argumentai-je, ça suffit ! Vous n'allez pas me dire que je dois emmener un homme pour me suivre quand je pêche dans ces rivières ? »

Il fit un signe de tête affirmatif.

Quand il oubliait sa fonction, c'était un homme charmant. J'aimais bien sa petite tunique de chasse verte et l'edelweiss de métal fixé à l'arrière de son chapeau vert de '*Jäger*'.

« Mais je ne suis pas un espion, protestai-je, il n'est sûrement pas nécessaire de me surveiller en permanence ! »

« C'est un décret, » dit l'Administrateur.

Je tentai de passer outre. Le premier jour, je partis seul sur le lac en bateau et ramai jusqu'à un coude éloigné. Je fis monter une truite d'une livre et demie, qui se décrocha.

« *Schade* ! » cria une voix derrière les buissons de la berge. « Quel dommage ! »

Un homme se tenait là et me surveillait. Il ne portait pas la tenue de Jäger vert pâle, mais je compris que son costume en velours marron était un uniforme officiel quelconque. Il n'avait pas de plumet en peau de chamois, et ne portait pas de fusil en bandoulière.

« Je suis le *Fisher*, » dit-il.

Un homme se tenait là et me surveillait

« Bonjour, » dis-je.

« Bonjour, » fit-il avec un sourire bienveillant, et il ajouta « vous devez être accompagné d'un *Fisher*. »

Je vis alors qu'il portait en bandoulière sur le dos, non pas une carabine ou un fusil, mais un petit fût vert qui ressemblait à un monstrueux cigare vert dont les deux bouts auraient été sectionnés. Et je compris aussi que, malgré tous mes arguments, il fallait qu'un *Fisher* me suive.

J'enfilai mes cuissardes et nous remontâmes un ruisseau. C'est beaucoup plus facile à écrire qu'à faire car le *Fisher* me fit d'abord escalader une montagne. Puis nous redescendîmes par une forêt de pins dans une gorge encombrée de rochers gris au fond de laquelle coulait un torrent de montagne. Il y avait de profondes fosses vert bouteille, mais la majeure partie du cours consistait en cascades, rapides, ou longues coulées sur des hauts-fonds de rochers aux parois escarpées.

Le *Fisher* approcha de ces postes à croupetons, en se dissimulant avec soin parmi les touffes de gentianes bleues et d'anémones. « *Da* ! » Du doigt, il m'indiqua quelques remous d'eau aussi claire que l'air. Tapi derrière un rocher, j'aperçus une truite. Son dos était tellement clair qu'elle semblait presque transparente. J'essayai à plusieurs reprises jusqu'à ce que finalement la mouche se pose juste au-dessus du rocher, et elle disparut dans le remous où la truite s'en saisit.

Elle pesait environ trois cent cinquante grammes et sa robe vert pomme était constellée de petits points écarlates. Le *Fisher* s'en empara soigneusement, ouvrit la trappe et la glissa dans la minuscule barrique.

Ce soir-là, en redescendant de la montagne, j'avais six de ces truites magnifiques qui se débattaient dans le petit fût vert. Un autre jour, j'en pris seize, dont trois dépassaient chacune largement la livre. Un jour, je n'en pris que trois ; mais toutes faisaient plus de la livre, et une dépassait le kilo. Toutes ces truites furent rapportées à l'hôtel où le *Fisher* les glissa dans un petit trou d'eau alimenté par un ruisseau, où elles nagèrent joyeusement avant d'en être retirées et mangées.

Tout cela était fort bien. J'adorais ce pays heureux. Je regardais les cultures pousser et mûrir, et assistai à la récolte du blé qui se faisait à l'aide de faucilles ou de faux. En me rendant de temps à autre à pied à un endroit particulier du lac, j'observais les villageois fabriquer leurs propres cordes en torsadant une espèce d'herbe qu'ils cultivaient à cet effet. Le cordonnier fabriquait toutes leurs chaussures ; les femmes filaient et tissaient. Le grenier à l'étage de chaque maison servait à stocker les récoltes tandis que l'écurie occupait une bonne moitié du rez-de-chaussée. Sur la tour en bois où était suspendue la cloche du poste à incendie qui abritait sa petite pompe symbolique, s'élevait la statue de ce qui semblait être un centurion romain versant un seau d'eau sur des flammes figuratives. Ces gens étaient pratiquement aussi autonomes que n'importe quelle autre communauté que ma route avait croisée.

Et c'était cela que je recherchais, je ne voulais pas le *Fisher* collé à mes basques en permanence. Le principal obstacle à la pêche illégale, c'était que même si j'attrapais des poissons en son absence, je ne pourrais pas les rapporter à l'hôtel, car je me ferais prendre là-bas. Manifestement, la solution du problème, c'était de les cuisiner moi-même dans les bois. Ce que nous fîmes, ma femme, mon fils et moi maintes et maintes fois lors de ce premier été. Nous réussîmes si bien, pourrais-je ajouter par anticipation, qu'à notre retour au printemps suivant, et alors que, tout sourire, je serrai de nouveau la main du petit Administrateur, il leva les mains en l'air et déclara qu'en effet, après lui avoir réglé la taxe d'Etat initiale de 150 dinars, je pouvais bien faire ce qui me plaisait et aller au diable. Je causais trop de problèmes.

Nous achetâmes une poêle à frire bon marché dans une ville située à environ cinquante kilomètres de là. L'ayant mise dans mon sac à dos (avec une livre de beurre), mon épouse, mon fils et moi partîmes en barque vers l'autre bout du lac le plus innocemment du monde. Le *Fisher* traînait toujours dans les parages au début, en m'observant pour s'assurer que je n'emportais pas une canne à truite – que je ne pouvais pas cacher. Mais il était facile de glisser la petite canne bristol à lancer, en quatre brins, dans la manche de mon vieux manteau de tweed. De sorte que ma première transgression du règlement se fit avec des devons. Le devon qui comportait une petite perle rouge en queue se révéla très meurtrier à l'embouchure de la Savitca. D'ordinaire, il ne fallait qu'une demi-heure pour attraper quatre ou cinq truites d'une ou deux livres. Puis nous allions à la rame vers une longue péninsule rocheuse. Là nous préparions un feu de bois sur lequel nous faisions frire les truites, découpées en morceaux, dans le beurre grésillant.

Je levai les yeux une fois pour voir le *Fisher* qui se tenait au-dessus de mon épaule alors que j'avais une pleine poêlée de truites. « *Nu* ! *Nu* ! *Nu* ! *Herr Farson* ! » me réprimanda-t-il. En hochant la tête, il dirigea sur moi son doigt menaçant. Le lendemain matin, l'Administrateur arriva en cabriolet, tout à fait prêt à en découdre. Mais il portait en bandoulière une belle petite arme de fabrication allemande, un fusil de calibre seize, avec une carabine de petit calibre sous la courroie, et cet ingénieux système m'enchanta tellement qu'il me pardonna tout. Et devant un ou deux litres de vin blanc provenant de vignes cultivées quelque part dans la région, et qui ressemblait à de la résine, il vanta les mérites de son fusil de chasse : « Vous voyez, je suis équipé pour les oiseaux et les cerfs … ou peut-être … qui sait ? … Ce pourrait être un chamois. »

« Mais bien sûr, dis-je, pourquoi pas ? Pourquoi pas un chamois ? »

Alors je cassai le fusil et plongeai mon regard dans les canons parfaitement entretenus, admirai le rayage et le jetai sur mon épaule. L'Administrateur suggéra alors que nous pourrions prendre un autre litre et claqua des mains. Tout ce temps, le *Fisher* était présent, près de la cuisine, grinçant des dents comme le loup du Petit Chaperon Rouge.

Puis le Fisher nous tomba dessus un soir où un comte autrichien et sa comtesse, mon épouse, mon garçon et moi, nous régalions d'un magnifique pique-nique sur un rocher, les flammes de notre feu éclairant les branches des pins derrière nous. Il se jeta sur l'homme qu'il pensait être votre serviteur, mais qui, à sa consternation, était Capitaine des Gardes de l'Empire à Belgrade, l'aide de camp en chef du Prince Paul. Lequel pêchait au fromage.

J'essayai alors, bien que sans grand succès, en emportant deux ou trois bas de ligne et quelques mètres de ligne dans ma poche, d'arracher les truites aux trous d'un ruisseau de montagne, loin derrière le village. Je taillais simplement un scion dans une petite branche et pêchais avec cela. Allongé sur le ventre au bord des fosses calmes d'amont, je laissais tomber discrètement une mouche sèche. Ou bien je laissais une mouche noyée partir dans le courant vif à l'abri d'un rocher. Je trouvais cela fascinant et j'avais toujours l'impression que de cette façon, je prendrais un jour le poisson qui ferait oublier tous les autres. Je voyais en effet quelques énormes truites posées sur le fond de ces fosses isolées. Mais, semblait-il, les petites étourdies étaient les seules à s'emparer de la mouche. Malgré tout, quelques-unes d'entre elles suffisaient à remplir la poêle.

Il n'y eut que quelques occasions où le *Fisher* montra jamais quelque admiration, voire de l'amitié, à mon égard. C'était quand je capturais un ombre. Je pris le premier en aval d'un vieux déversoir, où la pleine force de l'eau dévalait et allait s'écraser contre un mur de rochers en face, avant de repartir dans un rapide. J'étais en train de pêcher dans l'écume de bulles et de mousse si bien que lorsque l'ombre prit ma mouche – c'était une petite Blue Upright dépenaillée – je ne savais pas ce qu'il y avait au bout de la ligne.

Mais, sans même le voir, le *Fisher*, lui, le savait. « *Esche* ! *Esche* ! *Esche* ! » ne cessait-il de crier, en s'agitant dans mon dos sur la berge.

Mon allemand est limité, et le *Fisher* et moi nous entretenions donc dans une espèce de sabir comprenant un tiers d'allemand et deux tiers de russe. Car cette partie du monde avait appartenu à l'Autriche avant la dernière guerre. Le *Fisher* avait été soldat dans l'armée autrichienne, et comme beaucoup d'Autrichiens, il avait passé trois ans dans un camp de prisonniers russe en Sibérie. Si bien qu'en rapportant cet ombre à l'hôtel et alors que j'essayais de lui dire ce qu'était le nom du poisson en anglais (1) – « Graylink ! » disait le *Fisher*, l'hôtelière appela ma femme pour nous aider, le *Fisher* tout excité et moi à nous dépêtrer de notre langue tandis qu'elle pesait l'ombre. Il faisait exactement 1 kilo 250. Quel que soit le pays, ce n'était pas un ombre ordinaire.

Mais la vie n'était pas pour autant une partie de plaisir dans cette région du monde, pas pour moi. J'étais descendu là-bas en ce premier été, fauché comme les blés – avec un débit de £ 500 à la banque en fait – parce que je venais d'avoir une altercation stupide avec le nouveau propriétaire d'un journal pour lequel j'avais travaillé pendant onze heureuses années. Je devais repartir sur de nouvelles bases. Et j'avais un livre à écrire qui, je le savais (ou du moins, l'espérais) serait ma nouvelle ressource. Et il me fallait l'écrire. Je ne passais jamais mon pantalon le matin avant d'avoir écrit dix pages, sauf lors de deux ou trois répits de quatre jours chacun quand nous faisions de l'escalade entre les huttes de skieurs sur les neiges de la frontière italienne. Ce serment fut toujours respecté. Tout ce temps, nous vivions tous les trois de quatre shillings chacun par jour. Nous étions venus d'Angleterre en deuxième et troisième classe, sans même prendre de wagons-lits. Et ce n'était qu'après avoir accompli le travail quotidien, en général à l'heure du déjeuner, que j'allais faire de l'escalade ou bien pêcher.

Mais c'était le soir après dîner, quand j'aurais dû prendre du repos, que je trouvais le plus fascinant de pêcher. Il y avait un pont en aval de l'hôtel, au bout duquel se dressait une petite église catholique, vieille et blanchie à la chaux. Sur le mur qui faisait face à la rivière, il y avait aussi une peinture paysanne de Saint Christophe portant le Christ sur ses épaules en marchant dans l'eau jusqu'aux genoux, une eau peinte aussi miraculeusement limpide que l'eau de la rivière qui coulait à ses pieds.

Là tous les soirs se produisaient d'incroyables gobages de truites. On pouvait se tenir sur le pont par les calmes soirées de printemps et entendre d'incessants éclaboussements. Et si vous vous avanciez dans l'eau depuis les buissons qui poussaient au pied de la vieille église, sans vous soucier si l'eau passait effectivement par-dessus vos cuissardes, vous aviez une séance de pêche telle que vous en rêveriez au paradis. C'est là que j'utilisai la mouche anonyme montée par le capitaine de l'armée anglaise d'occupation à Cologne. C'était un agencement de hackles blanchâtres au corps gris, et je m'en servis jusqu'à ce qu'il n'en restât presque plus rien à part l'hameçon nu. Son efficacité augmentait avec son allure dépenaillée. Soir après soir, je rentrais à l'hôtel d'un pas lourd, presque hébété par ma chance. Quelle mouche miraculeuse ! Et je glissais un plein panier de belles truites sur la table de la véranda. Sous le faible éclairage du porche, avec le reflet des vignes vertes la beauté de ces poissons avait quelque chose d'hallucinant. Nous adorions les toucher, les retourner, les saisir pour mieux les admirer. Le hochement de tête silencieux du vieux comte autrichien affichait sa révérence. C'était l'Adoration des Truites.

C'est avec solennité que je fais cette déclaration. Je n'ai jamais tout à fait ressenti cette sensation d'apaisement à propos des truites où que ce soit ailleurs. Et tous, nous la partagions. Plus tard un soir, j'eus une violente attaque, ma canne se courba dans l'obscurité, encore et encore et encore … Car il ne fallait pas laisser les poissons foncer dans les rapides à l'aval immédiat du poste. Puis elle se redressa et la ligne revint seule, sans la mouche. Je grimpai sur la berge près de l'église avec la sensation que je n'étais plus censé prendre de poissons aux pieds du Saint Christophe peint sur ses murs.

Je n'en pris plus jamais.

NOTES DU TRADUCTEUR.

Chapitre I

(1) Sciaenops ocellatus. Gros poisson de sport proche de la daurade, également très apprécié pour sa chair.
(2) Poisson abondant sur la côte est des Etats-Unis appelé weakfish (weak : faible) à cause de sa chair tendre, ou gray trout (truite grise) ou encore sea trout (truite de mer). Le nom scientifique est Synoscion regalis.
(3) Dowegiac ou Dowegiac Minnow, leurre créé par James Heddon en 1902.
(4) Izaak Walton, auteur du *Parfait Pêcheur à la Ligne*. (1653).
(5) Lord Grey of Fallodon, auteur de *Fly Fishing*. (1899).
(6) Uncle Remus, personnage folklorique américain.

Chapitre II

(1) Schloss : château.
(2) Alleghanys : Parie du massif des Appalaches en Virginie occidentale et en Pennsylvanie.
(3) Le petit morillon est un canard plongeur.
(4) En français dans le texte.
(5) En français dans le texte.

Chapitre III

(1) Sockeye ou Red: Oncorhynchus nerka. Dog ou Chum: O. keta. Coho: O. kisutch. Pink ou Humpback ou Humpy: O. gorbuscha. Spring ou Chinook ou King: O. tshawytscha.
(2) Les mâchoires des saumons du Pacifique s'ornent de dents impressionnantes avant la fraie, qui mesurent de 1 à 2 centimètres et les font ressembler à des chiens, notamment O. keta dont le nom courant est précisément Dog, c'est-à-dire chien.

Chapitre IV

(1) Rue de Londres où se trouvait notamment le grand magasin de pêche 'Farlows'.

Chapitre V

(1) Charles Edward Stuart (1720-1788), petit-fils de James II, connu sous le nom de Bonnie Prince Charlie.

Chapitre VI

(1) Bateau de pêche à voiles souvent construit sur l'île de Man.
(2) Mouvement républicain irlandais créé en 1906 qui militait pour la séparation de l'Irlande et de la Grande Bretagne, puis devint parti politique en 1916, et plus récemment à partir des 'Troubles' de la fin du XXe siècle, vitrine politique de l'IRA.
(3) Forces spéciales britanniques pendant la guerre (1919-1921) particulièrement haïe des Irlandais à cause de leurs exactions.
(4) Les propriétaires anglais 'absents' ou 'absentéistes' possédaient de nombreuses terres et exploitations agricoles en Irlande, mais résidaient la plus grande partie de l'année en Angleterre. Ils étaient représentés sur place par des intendants. Les tenanciers, petite paysannerie miséreuse, étaient à leur merci.

(5) IRA : Irish Republican Army (Armée républicaine irlandaise), fondée en 1919 et à l'époque, forte de 15000 soldats contre les 50000 de l'armée britannique.

Chapitre VII

(1) Pays de montagnes.
(2) Club allemand.

Chapitre IX

(1) Il s'agit de la nouvelle *Deux amis*. Negley Farson parle bien des Allemands, au lieu des Prussiens. Mais Guy de Maupassant utilise aussi les deux noms.

Chapitre X

(1) Par-delà toutes les frontières.

Chapitre XI

(1) Grayling en anglais.

Titres disponibles aux Editions du Trieux.

T.C. Kingsmill Moore : Mémoires d'un pêcheur à la mouche irlandais.
Negley Farson : Le Fou de Pêche.